LES CHEMINS DE LA FÉLICITÉ

DU MÊME AUTEUR

CHEZ LE MÊME ÉDITEUR

Les Clés du bonheur, 2018.
Les Voies du bouddhisme tibétain, 2018.
Sur la voie de l'éveil, 2017.
L'Art de la sagesse, 2008.

SA SAINTETÉ LE DALAÏ-LAMA

LES CHEMINS DE LA FÉLICITÉ

Textes rassemblés et présentés par Renuka Singh

traduit de l'anglais par Philippe Beaudoin

ARCHIPOCHE

Ce livre a été publié sous le titre
Many Ways to Nirvana
par Penguin Books India, 2004.

Notre catalogue est consultable à l'adresse suivante :
www.archipoche.com

Éditions Archipoche
34, rue des Bourdonnais
75001 Paris

ISBN 978-2-3773-5158-9

À la mémoire de feu lama Yéshé
qui, dans son enseignement, assimilait
l'Éveil à la meilleure forme de patience
et qui m'a fait connaître le bonheur durable.

Introduction

Le Tushita Mahayana Meditation Centre a été fondé à Delhi par feu lama Yéshé et par le vénérable lama Zopa Rinpotché, qui en assume aujourd'hui la direction spirituelle. Les événements tragiques qui ont frappé le Tibet dans les années 50 ont poussé de nombreux Tibétains à s'exiler vers l'Inde ou ailleurs. Depuis lors, toutes les traditions du bouddhisme tibétain qui s'efforcent de sauvegarder son patrimoine spirituel puisent leur inspiration auprès de Sa Sainteté le dalaï-lama, notre précieux maître. Selon lama Yéshé, le centre permet aux Tibétains de remercier les Indiens pour leur aide et leur générosité. Il se présente aussi comme une offrande faite à l'aryabhumi – la terre du seigneur Bouddha – et à différents gourous.

Conformément au vœu de feu lama Yéshé, les enseignements de la fête du Dharma, au cours de laquelle Sa Sainteté a consacré plusieurs allocutions au bouddhisme, y sont organisés.

Ce livre regroupe les textes de conférences données à partir de 1999 – excepté « Les quatre nobles vérités», qui date probablement du début des années 1980. «Les quatre sceaux du bouddhisme», «Développement personnel et pratique des six perfections», «Comment surmonter les émotions négatives» et «Comment cultiver l'équanimité» sont destinés à nous instruire sur les multiples voies du nirvana pour mieux nous permettre de les emprunter.

Dans ses discours, Sa Sainteté utilise des perspectives modernes pour donner force et clarté à l'enseignement conçu par le Bouddha il y a deux mille cinq cents ans. Le dalaï-lama accorde une extrême attention à l'analyse et à l'explication car le bouddhisme, comme le reconnaissent ceux qui l'étudient, est adapté à l'ère de la raison. Il tente aussi d'établir un lien entre la religion d'une part et la guerre, la paix, la politique, le développement, la sexualité, l'éthique, les médias et la vie de famille d'autre part. Cet ouvrage s'adresse au lecteur mû par des préoccupations scientifiques et philosophiques plutôt que par de simples intérêts religieux à caractère ritualiste. Sa Sainteté y amplifie les propos du Bouddha et nous rappelle l'importance du dialogue interconfessionnel. En cette époque tumultueuse, nous devons trouver une force de motivation et d'engagement en nous-mêmes, et non perdre notre temps et notre énergie en cherchant à répondre à des besoins matériels et en cédant à notre passion pour les désirs insatiables.

Certes, nous explorons les profondeurs de la mer et du ciel, nous nous aventurons au-delà de la Terre, mais notre esprit – le joyau de sagesse le plus proche de nous – reste insondable et mystérieux. Il y a deux millénaires et demi, le bouddha Shakyamuni a fait l'expérience de son essence grâce à la méditation. S'il nous incite à reconnaître notre nature de luminosité fondamentale, c'est pour nous éviter d'être victimes de l'ignorance, pour que nous fassions croître notre sagesse et notre compassion universelles.

Contrairement à ce qu'avaient prédit les principaux penseurs européens du XIXe siècle, la religion reste une force avec laquelle il faut compter. La modernité a érodé certaines croyances, mais elle n'a pas suscité le scepticisme général. Dans un tel contexte, ce recueil vise à diffuser la compréhension du bouddhisme parmi tous les peuples du monde. En outre, comme le souligne Nolan P. Jacobson dans son analyse de l'actualité de la pensée bouddhique[1] :

« Le Bouddha est comme Hume, car il veut libérer l'homme qui s'essaie, de façon irrationnelle, à dresser un échafaudage métaphysique du haut duquel il entend percevoir la nature et la destinée de presque tout ce sur quoi il se questionne depuis toujours. Il est comme Nietzsche, car il voit le triste état du pouvoir humain entravé par le ressentiment coupable des faibles. Il est comme Marx et Engels, car il veut affranchir l'homme des chimères et des mythes sous la mystification

1. *Buddhism : The Religion of Analysis*, 1976.

desquels il dépérit. Il est comme John Stuart Mill, car il constate que les liens les plus puissants qui asservissent l'homme ne sont pas des tyrans assis à califourchon sur de grands trônes, mais les convictions subtiles qui dominent son intérieur, et qui le dépouillent de son intégrité et de son indépendance. Il est aussi comme Freud, car il veut que les forces créatrices enfouies dans les profondeurs de la personnalité humaine échappent au contrôle autoritaire et compulsif du moi ou du surmoi, qui déforment, répriment et dénient toute aspiration au bonheur. Il est comme Wittgenstein, car il souhaite alerter l'homme de la "mystification" que le langage opère sur l'intellect. »

Un cœur pur, raffiné, libéré des perturbations émotionnelles et des attentes mesquines lève les entraves de l'esprit et dissipe l'ignorance. Une pratique soutenue de la méditation mène à l'état de nirvana. Elle nous affranchit de notre conditionnement socioculturel et de nos désordres psychosomatiques. Vainqueur d'un combat intérieur, débarrassé des émotions et des désirs qui engendrent égoïsme et attachement, l'individu réussit à changer les états négatifs de l'inquiétude, de l'impuissance et de la dépression en pure félicité et en pur contentement. Il peut alors emprunter les multiples voies du nirvana, cet au-delà de la souffrance.

Selon Jeffrey Hopkins, le nirvana est une cessation de l'analyse, produite par la disparition de la dernière perturbation. Il ne s'agit pas de la destruction ou du dépassement de la souffrance, mais d'un phénomène, intégré au continuum du yogi, qui se caractérise par une simple absence de perturbations[1]. Les quatre nobles vérités constituent donc une véritable voie qui permet de parvenir aux véritables cessations.

Pour conclure, j'aimerais reproduire ici un message de notre directeur spirituel, le vénérable lama Zopa Rinpotché :

« La vie n'a pas seulement pour objectif de nous procurer le bonheur et la résolution de nos problèmes. Elle a pour but premier de libérer tous les êtres sensibles de l'ensemble des souffrances et de les conduire tous au bonheur, principalement au bonheur ultime de l'Éveil complet. Il s'agit non seulement de l'objectif de notre vie, mais aussi de notre responsabilité.

« S'il s'agit de notre responsabilité, avons-nous la capacité d'aider autrui à se libérer de la souffrance et à atteindre le bonheur ? Oui. Premièrement, notre esprit détient la nature de bouddha. Deuxièmement, nous sommes parvenus à une renaissance parfaite, sous les traits d'êtres humains, à ce précieux corps qualifié par les huit libertés et les dix richesses.

« La nature de bouddha, c'est l'aptitude à procurer le bonheur temporel et ultime à tous les êtres sensibles, y compris à nous-mêmes, et ce par l'esprit. Notre renaissance parfaite, sous les traits

1. *Meditation on Emptiness*, 1996.

d'êtres humains, nous offre toutes les occasions de porter notre nature de bouddha à son potentiel ultime. Libérer les êtres sensibles de la souffrance et leur procurer le bonheur, c'est les délivrer de la cause première de la souffrance : l'ignorance qui réside dans le continuum mental, la conception erronée d'un moi existant de lui-même.

« Nous ne pouvons y parvenir qu'en révélant la véritable voie : l'enseignement des deux vérités, ultime et conventionnelle, donc la différence entre réalité et illusion. Par conséquent, les gens doivent écouter, réfléchir et méditer sur les enseignements qui expliquent la nature ultime, la vue droite de la réalité. En pratiquant de la sorte, les êtres sensibles peuvent attaquer la racine de la souffrance : l'ignorance de la nature ultime du moi et des agrégats.

« Dans les faits, tous les faux-semblants et le karma cessent, y compris les empreintes. Cette cessation met un terme définitif à la souffrance sans commencement – au cycle du vieillissement, de la maladie, de la mort et de la renaissance dans les six destinées – et permet d'atteindre le bonheur éternel du nirvana, l'au-delà de la souffrance. Ensuite, grâce à l'éradication progressive des obscurcissements subtils de l'omniscience, vient l'état sans pareil de la bouddhéité complètement éveillée, le grand nirvana.

« Pour faire progresser notre esprit, nous devons aller chercher les enseignements auprès d'un maître pleinement qualifié, comme Sa Sainteté le dalaï-lama, qui a déjà réalisé toutes ces voies, en particulier la renonciation, la bodhicitta et la vue droite de la vacuité.

« Savoir que les enseignements de la fête du Dharma délivrés par Sa Sainteté le dalaï-lama ont été de nouveau recueillis sous forme de livre me procure donc un grand plaisir. »

Quant à moi, j'espère que cet ouvrage, où sont évoquées les multiples voies du nirvana, aidera le lecteur à donner sens à la réalité fragmentée de la vie moderne.

Renuka Singh

LES QUATRE SCEAUX DU BOUDDHISME

(Conférence tenue dans les jardins du Constitution Club, à New Delhi, en 1999)

Les quatre sceaux, ou axiomes, du bouddhisme occupent une place considérable dans nos enseignements religieux. Par les temps qui courent, l'entraînement et la paix de l'esprit sont importants eux aussi. La méthode qui permet aux bouddhistes de transformer leur esprit est non seulement une question de foi, mais aussi une conviction obtenue par le biais de la méditation analytique. Aussi est-il essentiel de procéder à un travail d'investigation.

Pour ce faire, il convient d'adopter la position du sceptique et de ne rien croire aveuglément. Le scepticisme suscite des questions qui exigent l'investigation. Celle-ci prend la forme d'une méditation analytique qui permet de se doter d'une conscience plus claire, d'une image plus précise de la réalité. Ce processus engendre une conviction saine, grâce à laquelle la transformation mentale peut survenir.

Notre tête, notre cerveau, sont pareils à un laboratoire. L'intelligence de l'homme est unique, différente de celle des autres mammifères. C'est un instrument. Dans le laboratoire de l'esprit, la capacité intellectuelle nous permet d'étudier les émotions et de réaliser des expériences d'ordre émotionnel. C'est ainsi que nous pouvons transformer nos émotions.

Au dire des scientifiques, celles-ci ne sont pas nécessairement négatives. Parmi ces sentiments très puissants, certains sont destructeurs et d'autres constructifs. Lors d'une rencontre avec des savants, nous avons identifié plusieurs émotions dans l'esprit du Bouddha lui-même : une compassion et une bienveillance considérables, ainsi qu'une conscience de la vacuité.

Au début n'existe qu'un vague sentiment de vacuité. À ce stade-là, il n'y a pas d'émotion. Avec l'habitude, ce sentiment croît. Puis, à un certain niveau, la conscience de la vacuité devient elle aussi une sorte d'émotion. Dans la pratique de l'accroissement de la sagesse et de l'amour de la bonté/compassion, on renforce ces qualités internes, puis on atteint l'état où survient la montée de sentiment qui s'appelle « émotion ». Le lien entre intellect et émotion se fait clair. Le cerveau et le cœur fonctionnent de concert. Telle est, selon moi, la démarche du bouddhiste.

Les anciennes traditions de la pensée indienne préconisent l'usage de méthodes comparables. Toutefois, l'originalité du bouddhisme tient au fait que le Bouddha nous a donné la liberté de remettre son propos en question. Il déclarait que les bhikshus et les sages devaient étudier ses paroles comme l'orfèvre vérifie la qualité de son or en le polissant, en le découpant et en le plongeant dans le feu. Il demandait à son auditoire de ne pas faire acte de foi pour accepter ses enseignements.

Il existe donc un rapport entre savoir académique et expérience réelle. Tous deux vont de pair. Chaque grand pays, me semble-t-il, possède sa tradition religieuse qui présente deux facettes : l'entraînement de l'esprit et la philosophie. Pour ce qui est de la première, toutes les religions sont identiques. Elles détiennent le même potentiel de transformation de l'esprit humain, comme l'indique le fait qu'elles véhiculent un message d'amour, de compassion, de pardon, de contentement et d'autodiscipline. Le propos est le même, mais dans certains cas son sens peut varier légèrement, car les philosophies divergent.

Des différences de taille peuvent exister entre les philosophies des diverses religions, mais nous ne pouvons pas pour autant dire que telle religion soit meilleure que telle autre. Je l'ai déjà précisé, toutes les religions détiennent le même potentiel de transformation de l'esprit. Chacun de nous étant doté de dispositions mentales particulières, différentes méthodes nous permettent de les approcher. Toutefois, leurs résultats ou leur efficacité sont plus ou moins comparables.

Ce constat nous pousse à accroître notre respect face à toutes les grandes traditions religieuses. Dans le passé, elles ont inspiré des millions de personnes et les ont aidées à mener une vie riche de sens. À l'avenir, des millions de personnes continueront à s'en inspirer, moyennant quoi leur vie deviendra elle aussi plus riche de sens et de compassion. Du point de vue philosophique, nous pouvons toutefois affirmer que telle pensée est plus complexe ou plus simple que telle autre.

En tibétain, nous parlons des quatre « sceaux », ou axiomes, du bouddhisme. Les voici :

– tous les phénomènes conditionnés sont impermanents ;
– tous les phénomènes contaminés sont souffrance ;
– tous les phénomènes sont absence de soi et vacuité ;
– le nirvana est paix.

Pour expliquer le premier axiome, nous devons comprendre qu'il repose sur la notion d'impermanence. Tout phénomène dont l'existence dépend de causes et de conditions relève de la catégorie des phénomènes conditionnés. Il est assujetti aux causes et aux conditions. Par exemple : nous sommes assis dans une tente et conscients qu'il n'y a pas d'arbre. En raison de cette absence d'arbre, nous savons que l'arbre est inexistant. C'est ainsi que notre esprit peut savoir quelque chose, en l'occurrence l'inexistence de l'arbre. Nous avons la preuve que l'inexistence de l'arbre est réellement existante, car c'est sur elle que porte notre savoir.

L'inexistence de l'arbre est de toute évidence inexistante du point de vue physique, c'est-à-dire telle que nous puissions la voir ou la percevoir. Mais c'est aussi, incontestablement, un objet perceptible. En fait, bon nombre de choses que nous posons en principe doivent l'être en fonction de cette compréhension de l'inexistence de l'arbre. Par exemple : ces fleurs que vous voyez là. L'inexistence de l'arbre est une des qualités que nous découvrons en elles. C'est pour cette raison que, sur cette fleur précise, nous découvrons l'existence infinie des inexistences d'autres objets qui ne sont pas des fleurs. Il est certain que l'inexistence de ces autres objets sur cette fleur précise est un objet de cognition. Mais, en même temps, ce n'est pas un objet qui se puisse caractériser.

Pareillement, les objets comme l'impermanence ou l'absence de soi peuvent être perçus et connus par l'esprit, mais ils sont dépourvus d'une existence telle qu'ils l'aient eux-mêmes générée.

Qu'il s'agisse du général ou du particulier, il en est de même. Au lieu de penser à des fleurs précises, prenons la fleur dans son acception générale. Par exemple : vous voyez une fleur particulière, dans un endroit précis et à un moment donné. Plus tard, vous voyez une fleur différente, d'une autre couleur. À la simple vue de cette deuxième fleur, vous pouvez affirmer qu'il s'agit aussi d'une fleur.

Mais, lorsque vous employez le terme « fleur », à quel objet particulier l'associez-vous ?

Si le terme « fleur » est associé à la fleur que vous avez vue dans un premier temps, alors, bien évidemment, celle-ci ne se retrouve pas dans celle que vous voyez dans un second temps. Il y a donc une espèce de fleur qui est la qualité commune de ces deux fleurs. Mais, bien qu'il s'agisse là d'une réalité, elle ne signifie pas qu'il y ait une fleur commune, qui se retrouve dans toutes les fleurs et qui s'en différencie.

Par conséquent, lorsque vous remarquez une fleur particulière, vous observez une qualité différente de celle d'objets qui ne sont pas des fleurs. Cette qualité se retrouvera dans la fleur que vous verrez plus tard. C'est grâce à elle que vous pouvez comprendre, percevoir et différencier ces types d'objets comme étant des fleurs.

Une question se pose alors : ce phénomène est-il conditionné, causé ? Tous les phénomènes peuvent se diviser en deux catégories : les phénomènes existants et les phénomènes inexistants. Les premiers sont déterminés au sens où il existe une conscience qui peut les appréhender, les percevoir. En revanche, les seconds ne sont pas perçus ou connus par la conscience, quelle qu'elle soit.

Nous n'impliquons pas que tout ce qui est perçu par un esprit, quel qu'il soit, existe. Là encore, comme le savent les spécialistes de l'épistémologie bouddhique, il nous faut établir une distinction entre deux types d'esprit : l'esprit valide et l'esprit invalide.

Certains érudits donnent une même définition de la cognition valide, et d'autres émettent des avis divergents. De grands maîtres, dont Dignaga et Dharmakirti, analysent ces questions en détail.

Les définitions des causes et des conditions diffèrent considérablement. On distingue deux types de causes. En premier lieu, la cause dite « substantielle », qui est responsable de la mise en fonction, ou production, de la nature, de l'entité, d'un objet précis. En second lieu, la cause dite « coopérative », qui est un facteur existant dans l'engendrement de cet objet.

Il y a donc deux causes principales au sein de l'univers spirituel, qu'il soit lié à un esprit positif ou négatif, à une émotion positive ou négative : la cause substantielle, responsable de la production de la nature, de l'entité, de l'esprit ; et la cause coopérative, une sorte de facteur circonstanciel qui offre à un esprit particulier la possibilité de se manifester.

Dans ses *Quatre Cents Stances*, Aryadeva déclare qu'il est difficile de détruire les émotions négatives ou perturbatrices dues à des causes substantielles. Selon lui, il est plus facile d'agir sur celles qui sont dues à des conditions coopératives ou à des facteurs circonstanciels. Elles peuvent être domptées, puis éliminées, car elles dépendent de circonstances et de facteurs immédiats. Parmi elles figurent la haine, la colère et l'attachement

– toutes négatives –, mais aussi la compassion et la bienveillance.

Parce qu'elles sont familières, ces émotions se reproduisent. Elles sont saines. En revanche, celles qui apparaissent à la suite d'une circonstance, positive ou négative, le sont moins.

Bien entendu, il existe d'autres types de facteurs et de conditions. Toutes sortes de phénomènes dépendants, issus de causes et de conditions, sont qualifiés de « conditionnés » ou d'« impermanents ». L'impermanence se distingue à deux niveaux d'existence : au niveau grossier et au niveau subtil. Le premier renvoie aux états transitoires d'un objet particulier dont la continuité se désintègre. Le second, quant à lui, renvoie plutôt à une désintégration momentanée.

Quand nous disons que tous les phénomènes conditionnés sont impermanents, nous envisageons le niveau subtil de l'impermanence : la désintégration momentanée d'un objet particulier. Il peut se comprendre de deux façons. D'abord, comme l'inexistence du premier temps du phénomène impermanent pendant le second temps. Ensuite, comme le tout premier temps du phénomène impermanent, produit de sorte qu'il cause la désintégration de ce phénomène.

Comment savoir, comment prouver que cette désintégration en plusieurs temps a lieu au niveau subtil ? En comprenant le niveau grossier de l'impermanence, à savoir la désintégration d'un phénomène conditionné particulier, envisagé sous l'angle de sa continuité. Par exemple : nous voyons une montagne ou une maison s'écrouler. Connaissant la désintégration de la continuité de l'objet, nous en déduisons qu'un changement subtil se produit. Il est impossible à l'objet de subir un niveau grossier de changement, sauf si survient un niveau subtil de changement.

Prenons le cas d'un rocher, que nous considérons d'ordinaire comme un objet solide, apparemment immuable. Si nous observons sa nature à son niveau subatomique, nous constatons qu'il connaît des changements permanents. Voilà, en bref, l'illustration de l'impermanence de tous les phénomènes conditionnés.

Il est clair que le premier temps d'un phénomène conditionné est produit dans cet état de désintégration. La production cause la désintégration. Une autre cause n'est pas nécessaire pour que s'opère la désintégration d'un objet particulier. Selon le Sautrantika, le Chittamatra et le Madhyamika, trois écoles de la pensée bouddhique, la désintégration d'un phénomène conditionné ne dépend pas d'une nouvelle cause. Le Vaibhashika, pour sa part, propose une explication légèrement différente.

C'est pourquoi nous disons que les phénomènes impermanents sont « hétérogénérés » ou « dépendants de leurs causes ». Une cause qui produit un effet est dépendante de la cause qui la produit. Ainsi, toute cause qui produit un résultat est le résultat de sa propre cause. Dans cette sorte d'interaction, toutes les causes productrices sont systématiquement le fruit de leurs propres causes. La relation de cause à effet, ou loi de la causalité, est donc circulaire, sans début ni fin.

Dès lors que nous constatons le fonctionnement de la loi de la causalité, nous distinguons deux sortes d'objets qui la subissent : le corps physique et l'esprit. Tous deux se différencient par les causes substantielles qui les déterminent. La cause substantielle de l'esprit, celle qui est responsable de sa production, doit être un esprit, et non un corps physique. Elle démarque l'esprit d'un objet concret.

Un esprit peut agir comme condition coopérative dans la production d'un objet concret. Inversement, un objet concret peut agir comme condition coopérative dans la production d'un esprit. Par ailleurs, un objet peut dépendre de ses causes et de ses conditions. Mais sa nature dépend de la pensée conceptuelle qui le désigne. En d'autres termes, l'identification de l'objet dépend de l'esprit.

Le deuxième des quatre axiomes, ou sceaux, du bouddhisme est le suivant : tous les phénomènes contaminés sont souffrance par nature. La contamination dont il est ici question renvoie avant tout aux émotions perturbatrices ou négatives, ainsi qu'à leurs empreintes, ou prédispositions. À la base, nous devons assimiler le facteur contaminant aux émotions perturbatrices, et non à leurs empreintes. Quand nous affirmons que tous les objets contaminés sont souffrance, nous pensons à ceux qui sont produits par les émotions perturbatrices ou qui en dépendent.

Pour comprendre le deuxième sceau, il nous faut connaître les trois niveaux de souffrance. D'abord, la souffrance de la souffrance ; ensuite, la souffrance du changement ; enfin, la souffrance conditionnée. Quand nous assimilons tous les phénomènes contaminés à la souffrance, nous nous référons au troisième niveau, sur lequel se fondent les deux premiers.

Essayons de comprendre le deuxième sceau en examinant la loi de la causalité. J'ai déjà expliqué que tous les phénomènes conditionnés dépendaient de leurs causes et de leurs conditions. Ce simple fait produit des émotions perturbatrices qui, par définition, sont souffrance.

Selon le troisième axiome, tous les phénomènes sont absence de soi et vacuité. Nous parlons bien ici de tous les phénomènes, permanents et impermanents, et pas seulement de ceux qui dépendent de causes et de conditions.

Qu'entendons-nous par là ? Cette question suscite des réponses différentes au sein des quatre écoles de la pensée bouddhique. La définition de l'absence de soi sur laquelle elles se retrouvent toutes, à l'exception de quelques sous-écoles du Vaibhashika, est celle-ci : l'absence d'une personne indépendante et substantiellement existante.

Si nous comparons les écoles philosophiques bouddhiques et non bouddhiques, nous nous apercevons que les secondes défendent l'idée de personne en tant qu'entité indépendante et substantiellement existante, tandis que les premières la réfutent. Les écoles non bouddhiques affirment aussi qu'une sorte d'âme existe séparément des agrégats physique et mental (le corps et l'esprit). Elles ajoutent que cette sorte d'âme ou de personne passe d'une vie antérieure à celle-ci, puis à la prochaine. Toutes les écoles de la pensée bouddhique nient l'existence d'un tel soi.

S'il existait, nous devrions pouvoir l'identifier. Après investigation, nous devrions pouvoir trouver cette personne ou cette âme. De plus, si le soi est permanent, notamment au sens de personne indépendante et substantiellement existante, nous ne pouvons envisager sa désintégration ou son vieillissement, car il est dit qu'il est totalement indépendant des agrégats psychophysiques. Pour le Vaibhashika et le Sautrantika, il y a absence de soi des personnes, mais pas des phénomènes.

Le Madhyamika prasangika et le Chittamatra se caractérisent par une perspective plus élevée. Selon ces écoles, il n'y a pas de personne autonome et substantiellement existante. En adoptant cette position philosophique, il est incontestable qu'on peut réduire les attentes, l'emprise et l'attachement.

Mais cette conception n'attaque pas l'emprise qui se porte sur les agrégats psychophysiques. Aussi les écoles de pensée plus élevées parlent-elles non seulement de l'inexistence de la personne indépendante et substantiellement existante, mais aussi de l'absence de soi des phénomènes. Elles affirment l'inexistence indépendante des agrégats psychophysiques.

Le Chittamatra (l'Esprit seul) et le Madhyamika (la Voie médiane) divergent quant à la définition de l'absence de soi des phénomènes. Lorsque la première école se réfère à ce concept, elle implique que le sujet est dénué de distinction substanticlle. Elle réfute l'objet externellement existant, mais affirme l'existence indépendante de l'esprit, du point de vue. En méditant sur cette idée, on peut donc réduire l'emprise et les attentes qui se portent sur un objet externe.

Pour la seconde école, le Chittamatra ne résout pas le problème. Si l'on adopte le point de vue de l'Esprit seul, on peut aussi susciter l'émergence de puissantes émotions négatives, car cette école affirme l'existence indépendante ou intrinsèque de l'esprit.

Selon le Madhyamika, l'école de l'Esprit seul n'oppose aucune contre-force à ces émotions. En revanche, pour ce qui est des objets cxternes et de l'esprit interne, le point de vue est identique. Ils sont égaux au sens où ils n'ont pas d'existence intrinsèque ou d'existence objective absolue.

Avant d'affirmer que tous les phénomènes sont absence de soi et vacuité, nous devons donc nous familiariser avec les différents niveaux de présentation des quatre écoles de la pensée bouddhique. Lorsque chacune d'elles définit l'absence de soi et la vacuité, elle se réfère aux enseignements du Bouddha.

Ainsi, il semble que certains soutras évoquent une personne indépendante et substantiellement existante. Dans l'un d'entre eux, il est dit que les cinq agrégats psychophysiques sont les charges, les fardeaux, et que l'individu est leur porteur. Il apparaît donc que la personne et les agrégats psychophysiques sont séparés.

Une question se pose alors : si les quatre écoles ont élaboré des définitions qui découlent des soutras, dont elles citent le texte, comment savoir laquelle est dans le vrai ? Pour y répondre, nous devons nous appuyer sur la raison. Grâce à notre entendement et à notre perception, nous pouvons prouver que la présentation philosophique des écoles supérieures est plus logique que celle des écoles inférieures. On peut détenir une intelligence subtile de la définition de l'absence de soi – une personne n'a pas d'existence indépendante ou substantielle – et, en même temps, une intelligence erronée du point de vue philosophique. Le pratiquant peut avoir pleinement compris l'absence de distinction substantielle du sujet et de l'objet, tout en restant fortement attaché à une vision de l'esprit en tant qu'entité dotée d'une existence intrinsèque.

Lorsqu'on a parfaitement compris le point de vue philosophique du Madhyamika, on peut voir le sujet (l'esprit) et l'objet comme étant privés d'existence intrinsèque, absolue ou objective. Dès lors, les conceptions erronées présentées à propos du soi par les écoles inférieures n'ont plus lieu d'être.

Grâce à cette analyse et à cette investigation, nous pouvons conclure que la définition de l'absence de soi ou de la vacuité proposée par les écoles supérieures de la pensée bouddhique est la plus profonde.

Du point de vue philosophique, lorsque le Vaibhashika évoque l'inexistence d'une personne dotée d'une existence indépendante ou substantielle et l'absence de soi de tous les phénomènes, il n'entend pas la même chose que les écoles supérieures. Il conclut que cette personne ne peut trouver aucun objet de jouissance, puis, fort de ce raisonnement, il affirme que tous les phénomènes sont absence de soi.

Du point de vue du Madhyamika, cette explication reste superficielle, car on ne peut parler de l'absence de soi des phénomènes qu'en la reliant spécifiquement à l'inexistence d'une personne indépendante et substantiellement existante. On ne peut donc évoquer l'absence de soi d'un objet sans l'associer à l'absence de soi d'une personne.

En revanche, le Madhyamika accepte l'existence d'un objet externe. Pour cette école, l'absence de soi présentée par le Chittamatra est une construction de l'esprit. Sa définition est donc incorrecte. L'Esprit seul n'envisage que l'inexistence de l'objet externe, et non celle de l'esprit. Pour le Madhyamika, ce point de vue est artificiel, non conforme à la réalité, donc invalide.

Toujours pour le Madhyamika, le point de vue du Chittamatra ne repose pas sur un fondement solide, sur une cognition valide. Même si l'on tente de pratiquer la méditation et de se familiariser avec les concepts de vacuité et d'absence de soi, on ne peut faire en sorte que l'esprit accède à un état illimité. C'est pourquoi le point de vue, la définition, de la vacuité et de l'absence de soi ne doivent pas être superficiels (comme dans la présentation du Vaibhashika) ou construits par le mental (comme dans celle de l'Esprit seul).

Selon le quatrième axiome, le nirvana est paix. Une traduction littérale du tibétain donnerait : la transcendance de la souffrance est paix. La transcendance des états d'insatisfaction renvoie aux émotions perturbatrices. On ne peut accéder au bonheur permanent qu'après avoir échappé à l'influence des émotions perturbatrices. C'est pourquoi le nirvana est paix. Des points de vue différents influent toutefois sur la définition de la nature, de l'entité du nirvana. D'après Nagarjuna, le nirvana est la cessation des émotions perturbatrices, l'état de l'esprit totalement purifié de ces émotions.

Après cette courte présentation des quatre sceaux, ou axiomes, du bouddhisme, une question se pose : comment cette pensée philosophique s'applique-t-elle à la transformation et à l'entraînement de l'esprit ?

Dans notre vie quotidienne, les quatre sortes de conceptions erronées font naître bon nombre de pensées incontrôlées, dérangeantes et négatives. Premièrement, nous avons tendance à confondre l'impermanent et le permanent ; deuxièmement, nous prenons le malpropre pour le propre, pour un objet doté d'une essence ou d'une signification ; troisièmement, nous sommes enclins à voir ce qui est privé de soi comme ayant une existence à part entière ; et quatrièmement, nous sommes susceptibles de considérer ce qui est souffrance par nature comme une source de bonheur et de paix.

Même au niveau ordinaire, conventionnel, il y a des gens qui voient plus loin que d'autres, qui sont plus préoccupés par les intérêts à long terme que par les intérêts à court terme. Lorsque nous découvrons une contradiction entre ces deux types d'intérêts, notre préférence va aux premiers et nous sacrifions les seconds. Le fruit de cette poursuite, c'est un surcroît de souffrance.

Par exemple : le cupide en veut toujours plus. Il ne tient aucun compte de la capacité de son corps à utiliser la richesse. Ce corps a une capacité de consommation limitée. Voici un autre exemple, sans doute stupide : l'estomac d'un milliardaire est de taille normale. Il ne peut assimiler qu'une certaine quantité d'aliments. Ses mains n'ont que dix doigts. S'il passe un diamant à chaque doigt, il ne pourra en porter que dix. Et s'il en passe deux, l'effet sera affreux, non ?

Ceux qui en veulent toujours plus ne cessent, malheureusement, de s'efforcer d'obtenir davantage de richesses pour mieux utiliser les objets. Ils ne pensent jamais à la mort, ni aux limitations du corps et de l'existence. Le mode de vie qui consiste à amasser continuellement les richesses leur fait croire que leur existence se poursuivra sans se heurter à la mort et qu'ils pourront jouir indéfiniment de leurs biens.

Que se passe-t-il quand on accumule les richesses et les biens sans contentement ? Le corps ne se relaxe pas, le mental n'est pas en paix et le temps manque pour se reposer. Je crois que si nous voulons davantage de richesses et de pouvoir, c'est pour y chercher un certain plaisir. À moins d'adopter l'attitude mentale qui convient…

Nous n'obtiendrons jamais le plaisir ainsi. Quelque chose ne tournera pas rond. Ceux qui agissent de la sorte ne possèdent pas le bonheur ou la stabilité mentale. En temps normal, nous aspirons à une vie de milliardaire, nous la valorisons, mais si nous observons de plus près notre état mental, nous y découvrons quantité de soucis, d'inquiétudes, de jalousies et d'autres sources de douleur. Plus grave que tout, en raison de notre frustration, nous n'hésitons pas à recourir à de mauvais moyens, à blesser ou à exploiter autrui. Qu'en ressort-il ? Nous nous faisons encore plus d'ennemis et nous sommes mal vus. En somme, ce désir ne suscite aucun plaisir et nous devons mourir dans l'infamie.

L'autre problème, c'est l'écart croissant entre riches et pauvres, au niveau planétaire comme au niveau national. Pendant que certains habitants de cette terre mènent une vie de luxe et dépensent des millions, d'autres ont faim. D'aucuns vont jusqu'à en mourir. Cet état de fait est extrêmement néfaste. Hormis une souffrance morale, que résulte-t-il de cet écart ? L'augmentation du crime, de l'agitation et de la violence physique. Mauvais sur le plan moral, le gouffre entre nantis et démunis est aussi source de nombreuses difficultés.

Pour traiter ces questions, il convient de méditer sur l'impermanence et la souffrance inhérente au samsara. L'existence même de ce corps, de notre vie, est en réalité placée sous l'influence ou le contrôle de nos émotions perturbatrices. La prise de conscience du fait que la souffrance est la nature même de l'existence nous aide à atténuer le désir déraisonnable que nous vouons aux biens.

Le concept de vacuité est donc crucial. Si nous l'analysons correctement, si nous en faisons l'expérience, surtout lorsque nous sommes en proie à de puissantes émotions négatives, alors l'objet (coloré par la haine, l'attachement ou la jalousie) nous semble tout à fait concret. Au moment précis où nous ressentons ces émotions, nous avons tendance à considérer l'objet d'une de ces deux façons : d'un côté comme extrêmement intéressant, beau et existant par lui-même ; de l'autre, comme absolument négatif et laid, d'une négativité et d'une laideur existantes par elles-mêmes.

À cause de ces émotions perturbatrices, nous avons tendance à nous accrocher à l'objet. Dans certains cas, la pratique de la compassion peut indirectement amoindrir une émotion perturbatrice. Si nous ne pouvons combattre cette émotion de front, nous pouvons en revanche recourir à la sagesse qui comprend la réalité ultime : la vacuité. Seule cette forme d'entendement et de sentiment produit un effet sur les émotions négatives. Bien sûr, nous ne pouvons l'apprendre que par l'expérience directe.

En définitive, nous sentirons que les émotions perturbatrices peuvent être éliminées. Nous y parviendrons en comprenant shamatha et en méditant sur la question. L'état mental dans lequel toutes les émotions perturbatrices sont anéanties s'appelle « nirvana ». Si l'on médite correctement, en comprenant tous ces sujets philosophiques et en les reliant les uns aux autres, on peut se forger une conviction.

C'est dans un tel contexte que le Bouddha a enseigné les quatre nobles vérités. Si l'on médite sur les deux premières, la souffrance et ses causes, l'inquiétude et la tristesse augmentent. Mais le Bouddha ne s'est pas arrêté là. Les deux autres vérités sont la cessation de la souffrance et la voie, la méthode, qui permet d'y parvenir. Le Bouddha a commencé par expliquer que la souffrance était la véritable nature de notre existence, mais en même temps il nous a offert une solution.

L'objectif principal de la méditation sur la souffrance est d'entretenir notre détermination à atteindre le nirvana. S'il n'y a pas moyen d'y parvenir, mieux vaut ne pas penser à la souffrance et se la couler douce, boire de l'alcool, faire tout ce qu'on veut. En revanche, s'il y a une solution, une possibilité d'éliminer ces émotions, ces états mentaux dérangeants, alors l'effort se révèle vraiment payant. Voilà comment entraîner son esprit.

La pratique de la compassion, de l'attention portée à autrui, est source d'immenses bienfaits. De toute évidence, d'autres êtres sensibles les ressentiront aussi en fin de compte. C'est pourquoi, comme l'affirme lama Tsongkhapa, lorsqu'on accroît sa compassion et son altruisme, on pense avant tout à être source de bienfaits pour les autres, à leur venir en aide, alors que celui qui en retire le plus de bienfaits, c'est soi-même.

La pratique de la bonté et de la compassion, ainsi que la méditation sur ces sujets, nous permettent donc, à nous et aux autres êtres sensibles, d'atteindre l'objectif de la vie. Elles ne doivent pas être réservées aux croyants. Pour les non-croyants eux-mêmes, il est extrêmement important de se doter de cette habitude et de ces qualités positives de l'esprit. Encore une fois, elles apportent le bonheur ou la paix, à soi-même, mais aussi aux autres êtres sensibles. Tout est lié. Tout dépend de l'accroissement de la bonté et de la compassion.

La pratique de la compassion, de l'attention portée aux autres et du partage de leurs problèmes, établit les fondements d'une vie heureuse, non seulement au niveau de l'individu, de la famille ou de la collectivité, mais encore au niveau de l'humanité. Aussi est-il extrêmement important de prôner ces valeurs humaines fondamentales. Il en va de la responsabilité de chacun, car l'avenir de l'homme se trouve tout entier entre nos mains.

Nous, les bouddhistes, nous croyons à la prière, à la méditation et aux bénédictions des êtres supérieurs. Parmi ceux-ci, certains détiennent un pouvoir de bénédiction à effet limité. D'innombrables bouddhas et bodhisattvas prient en permanence pour nous. Et pourtant, notre condition reste délicate et nous sommes toujours plongés dans le samsara…

C'est pourquoi je dis toujours à mes frères et sœurs que l'action compte plus que la prière. Nous devons faire un effort. Parfois, j'ai l'impression de me payer de mots en tenant ces discours sur la compassion. J'éprouve une réelle admiration pour les individus ou les organismes qui s'impliquent dans l'assistance aux pauvres, l'éducation, etc. Ces gens mettent la compassion en pratique. Et moi, je me contente de rester assis dans un bon fauteuil pour en parler ! Peut-être y a-t-il là une forme d'hypocrisie.

L'action est très importante. Pour lancer une action de longue haleine, il nous faut une détermination sans faille. Nous devons identifier notre objectif avec clarté. Ce faisant, nous pouvons produire un effort naturel et constant. Si l'objectif n'est pas très clair, ou s'il conserve certaines zones d'obscurité, alors nous emploierons des moyens obscurs, ce qui créera davantage de confusion.

Ces concepts philosophiques compliqués ne doivent pas nous inciter à adopter une démarche en zigzag. Bien au contraire, en les étudiant, nous pouvons clarifier notre vision et savoir comment aborder la vie.

Nous souhaitons enfin engendrer l'esprit d'Éveil. Normalement, nous y parvenons avant tout en accumulant les mérites et en purifiant les négativités par la pratique des sept membres.

Bon nombre d'entre nous appartiennent à différentes traditions. Peut-être pouvons-nous imaginer tous les autres anciens maîtres, tels Jésus-Christ ou Mahavir… Si nous les visualisons, si nous promettons de servir les autres êtres sensibles, de les aider, alors notre vie prendra tout son sens.

Aspirer à la survie ne suffit pas. Même les plantes ont la capacité de survivre. Les animaux ont eux aussi une sorte d'instinct de survie. Nous, les êtres humains, nous détenons une merveilleuse intelligence. Ne l'utiliser que pour notre survie est un gâchis. Ce don doit au contraire servir à autrui. Dans ces conditions, notre vie deviendra réellement riche de sens.

Notre séjour sur cette planète ne dure pas plus d'un siècle. Du point de vue bouddhique, il est aussi bref que des vacances. Nous arrivons des profondeurs du mystérieux espace pour ne rester ici que cent ans. Comparée aux milliards de milliards d'années depuis lesquels nous existons, cette durée est insignifiante.

Utiliser notre courte vie humaine pour engendrer davantage de troubles et de douleurs n'a donc aucun sens. Imaginons un touriste américain ou européen qui viendrait passer une semaine en Inde et qui créerait partout des problèmes. Ce serait stupide de sa part. Comme lui, nous sommes en visite sur cette planète. Notre séjour doit servir à quelque chose, en l'occurrence à aider les autres dès que faire se peut. Dans le cas contraire, ne suscitons ni douleur ni souffrance chez eux.

Pour engendrer l'esprit d'Éveil, j'aimerais vous lire ces trois strophes :

Mû par le souhait de libérer tous les êtres,
J'irai toujours trouver refuge
Dans le Bouddha, le Dharma et le Sangha
Jusqu'à ce que je parvienne à l'Éveil complet.

Transporté par la sagesse et la compassion,
Aujourd'hui, en présence du Bouddha,
J'engendre l'esprit qui mène à l'Éveil complet
Afin d'apporter des bienfaits à tous les êtres sensibles.

Tant que demeurera l'espace,
Tant que demeureront les êtres sensibles,
Jusque-là, puissé-je moi aussi demeurer
Pour dissiper les malheurs du monde (trois fois).

Ceux qui veulent pratiquer l'altruisme (et bien sûr les bouddhistes) doivent lire ces trois strophes dans le cadre de leur prière quotidienne. Il leur faut méditer sur elles, et notamment sur la dernière. Elles font partie de ma prière et de ma méditation quotidiennes. Tous les jours, je les répète et je médite sur elles. La dernière est très forte. Quand je suis d'humeur chagrine, quand je ressens des émotions perturbatrices négatives, je me la remémore et j'y réfléchis. La paix de l'esprit me revient aussitôt. Elle est très utile. Elle peut aussi faire réfléchir les non-bouddhistes.

Votre Sainteté, pourquoi le Bouddha Shakyamuni est-il resté une semaine silencieux après être parvenu à l'Éveil ?

On raconte que le Bouddha a gardé le silence, sans enseigner, pendant sept semaines. Il est supposé avoir dit : « J'ai trouvé un enseignement, un sentier profond, paisible, libéré des élaborations, non conditionné. J'ai trouvé un enseignement qui est tel un nectar. Mais si j'essaie de l'expliquer et de le transmettre à autrui, personne ne pourra le comprendre. Aussi vais-je rester silencieux et me retirer dans la forêt. » Comme les médias n'existaient pas en ce temps-là, personne n'a pu annoncer l'Éveil du Bouddha ! L'événement n'a pas fait l'objet d'une large diffusion. Par conséquent, après son Éveil, il s'est passé du temps. Peu à peu, un nombre croissant d'individus ont appris que le Bouddha Shakyamuni avait vécu des expériences insolites. Puis, certains ont commencé à recevoir ses enseignements et à le questionner.

Pouvez-vous nous donner une description précise de la conscience ?

La seule façon de connaître pleinement la conscience, c'est de passer par l'expérience. Parfois, j'emploie une méthode particulière. Je m'efforce de conserver l'état d'esprit dit «de l'absence de pensée», puis j'éprouve une sorte de sentiment vide. Si l'on en reste là, on finit par faire l'expérience de la clarté et de la pureté totales. À partir de cet état, on peut aussi connaître des expériences et des apparitions diverses. Cette nature purement expérimentale et lumineuse de l'esprit ne peut se comprendre qu'à travers une pratique répétée et continue de la méditation. Les mots ne peuvent l'expliquer.

«Cause substantielle» et «karma» sont-ils synonymes ? Comment échapper au cycle karmique ?

On ne peut mettre fin au karma qu'en mettant fin à l'ignorance, qui est le premier des douze liens de la production conditionnée. Même chez un être aussi accompli que l'arhat (il a anéanti toutes les émotions perturbatrices), il existe encore un résidu de karma. Dans ce contexte, selon le *Pramaniavartika*, celui qui a transcendé le cycle de l'existence, le désir et les attentes peut sortir du samsara, car il a éteint toutes les émotions perturbatrices. Lorsque c'est chose faite, il n'y a plus de cause première à l'accumulation d'actions contaminées.

Est-il possible de parvenir à l'Éveil dans un corps de femme ?

Oh, c'est certain ! Différemment... Il existe diverses interprétations selon les écoles de la pensée bouddhique, dont le yogatantra et l'enseignement des soutras. Le premier principe de l'Éveil doit toujours reposer sur le masculin, et non sur le féminin. Mais, d'après le système bouddhique supérieur, le mahaanuttarayogatantra, il est possible aux femmes de parvenir à l'Éveil. Bien entendu, nous jugeons cette explication définitive.

S'il n'y a pas de soi, qu'est-ce qui passe, ou qui passe, d'une vie à l'autre ?

Lorsqu'un bouddhiste parle de l'absence de soi, il ne nie pas l'existence du soi, mais celle d'un objet permanent et immuable. Pour lui, ce type de soi n'existe pas. Le soi n'est désigné que par la continuité de l'esprit sans commencement ni fin. Il est donc lui aussi sans commencement ni fin. De l'absence de commencement, il s'élève vers la bouddhéité. Il est là, même au niveau de la bouddhéité. Selon Nagarjuna, même dans le mahaparinirvana, il est là, le Bouddha est là et l'esprit de bouddha est là aussi.

Vos réponses ne me satisfont pas. Est-ce là une sorte d'avidité de ma part ?

Ce n'est pas de l'avidité.

Croyez-vous aux anges ?

Les anges ont une forme de vie différente. Ce sont des esprits différents. Nous croyons aux dakinis. Si on les considère comme des anges, on peut dire qu'il y en a beaucoup.

Qu'est-ce qui relie l'esprit au corps ou le corps à l'esprit ?

Le niveau d'esprit le plus grossier. Il est dû au corps. Il n'existe plus quand le corps a cessé de fonctionner. Mais à un niveau plus subtil, un autre type d'esprit ou de conscience demeure. Par exemple : quand vous vous réveillez, un certain niveau de conscience ou d'esprit fonctionne. Quand vous dormez d'un sommeil profond ou traversé de rêves, un certain niveau de conscience ou d'esprit fonctionne encore.

Dans le sommeil profond, sans rêves, un autre niveau d'esprit existe. Quand on s'évanouit, quand on ne respire plus, il se fait plus subtil.

Le niveau d'esprit le plus subtil se manifeste à notre mort, quand notre cœur a cessé de battre et notre cerveau de fonctionner. Les individus déclarés médicalement morts, mais dont le corps ne se corrompt pas et reste intact, en sont une illustration. Dans certains cas, le corps ne s'altère pas pendant deux ou trois semaines. Nous croyons que l'esprit subtil demeure dans le corps qui, pour cette raison, ne se dégrade pas.

Il y a donc de multiples niveaux d'esprit. Certains dépendent fortement de ce corps et d'autres sont plus ou moins indépendants de lui.

Qu'y a-t-il après le nirvana ?

Tout dépend du nirvana qu'on a atteint. Par exemple : si l'on est parvenu au nirvana qui consiste en une simple cessation des émotions perturbatrices, on doit encore parvenir à l'Éveil, à la bouddhéité.

Comment surmonter la haine ?

Songer aux inconvénients de la négativité et de la haine est dans ce cas la pratique la plus importante. Grâce à cette analyse, on comprend que ne pas ressentir de haine est source de bienfaits. L'expression « surmonter la haine » doit s'entendre à deux niveaux : premièrement, comme ne pas lui laisser la possibilité de se manifester au quotidien ; deuxièmement, comme penser à sa nature et à ses résultats destructeurs.

En y réfléchissant, on peut prendre ses distances vis-à-vis de soi-même et empêcher la haine de s'exprimer au jour le jour. Pour l'éradiquer et l'éliminer, on doit s'engager dans des pratiques spirituelles plus profondes : la focalisation de l'esprit sur un seul point, également appelée « méditation du calme mental », et l'obtention d'une vision plus pénétrante de la vacuité, ou réalité ultime.

D'ordinaire, je pose cette question : quels bienfaits nous valent les émotions négatives comme la haine et la jalousie ? Elles nuisent à la paix de l'esprit. Ce sont nos véritables ennemis. Les ennemis externes ont la capacité de nous attaquer et de détruire en partie la paix de l'esprit, mais ils ne peuvent l'anéantir. En revanche, dès qu'une émotion comme la haine se présente, cet ennemi interne la fait disparaître.

De plus, les ennemis internes nuisent à notre santé. Par exemple : il y a trois ans, j'ai rencontré des scientifiques à New York. Au cours d'une communication, un médecin a démontré que les gens qui emploient les mots « je », « moi » et « mon » sont plus exposés au risque de crise cardiaque. C'est très simple.

Quand nous pensons à nous-mêmes, au soi, nous sommes égocentriques et bornés. Notre marge de manœuvre se réduit à l'extrême. Dans ces conditions, le problème le plus infime nous paraît immense, insupportable, et il engendre davantage de soucis et d'inquiétudes. En revanche, notre esprit s'élargit dès que nous pensons au bien-être d'autrui.

Dans la pratique bouddhique, on pense au nombre infini des êtres sensibles, à leurs problèmes, à leurs souffrances, non seulement au premier ou au deuxième type de souffrances, mais aussi au troisième. Ce faisant, on devient plus compréhensif, plus attentif. L'esprit prend de l'ampleur et le problème devient insignifiant.

L'attitude mentale et le regard font toute la différence. Nocives pour la santé, les émotions perturbatrices se bousculent dans l'esprit. Où qu'elles se trouvent, les personnes qui les abritent créent des problèmes. En revanche, un individu dont l'esprit est en paix ou compatissant aura davantage d'amis. Où qu'il se trouve, l'ambiance est paisible. Même les animaux l'apprécient.

Le bonheur, la joie, le plaisir et la paix sont les objectifs de notre vie. Leur obtention dépend bien plus de notre attitude mentale que de l'argent, du pouvoir ou d'éléments externes. Essayez donc d'analyser ce qui précède. C'est la meilleure façon de transformer votre attitude mentale.

L'individu qui consacre plus d'attention à sa famille qu'aux autres êtres sensibles est-il égoïste ?

Il y a deux sortes d'attention. Ne faire attention qu'à sa famille et ne pas se préoccuper des autres êtres sensibles, c'est de l'attachement. Mais dans la pratique de la bienveillance envers autrui, la famille est incluse. On peut communiquer directement sur cette base lorsqu'on prend soin de sa famille. Et aussi de soi-même, non ?

C'est nécessaire et c'est bien. En fait, parfois, quand nous prions, nous voulons apporter des bienfaits à tous les êtres sensibles, sauf à nos proches ! Battons-nous ! Ne prier que pour les êtres sensibles éloignés est une erreur. Quand nous prions pour tous les êtres sensibles, notre action rejaillit avant tout sur notre famille et nos proches. En priant pour un proche, on peut affirmer sans se tromper qu'on pratique afin d'apporter des bienfaits à tous les êtres sensibles.

En tant qu'enseignant, comment puis-je apprendre l'amour et la compassion aux enfants ?

Par l'action, par l'exemple, et non uniquement par la parole. Vous devez réfléchir et faire en sorte qu'ils se préoccupent véritablement de leur bien-être, de leur avenir à long terme. Il vous faut leur expliquer la valeur de la bienveillance, de la compassion et de la tolérance. Le concept d'échange, l'esprit de dialogue et de réconciliation sont d'une extrême importance, car la société regorge de conflits et de contradictions.

En soi, la contradiction est bonne. Par exemple : les quatre nobles vérités sont des contradictions. Ce sont donc des sources d'évolution. Elles peuvent aussi être négatives et mener au conflit, au combat, voire à la tuerie. L'éducation joue un rôle capital, car elle ouvre sur la connaissance et les prises de conscience, en même temps que sur les valeurs humaines de base.

Le vide et l'absence de soi sont-ils une seule et même chose ?

Peut-être le terme « vide » a-t-il un sens plus vaste car, quand nous employons la formule « absence de soi », nous pouvons désigner non seulement le manque d'existence intrinsèque d'un objet, mais aussi le manque d'affection envers soi.

Votre Sainteté, quel est votre message à l'occasion du nouveau millénaire ?

On me pose souvent cette question. Si nous voulons réellement un nouveau millénaire heureux, nous devons nous y préparer. Même à l'hôtel où je loge, il y a des décorations. On a préparé des boîtes qui contiennent je ne sais quoi. Ce sont des objets externes. Je crois que le plus important, c'est de se préparer à l'intérieur pour un bon et heureux siècle.

Parfois, je dis en plaisantant que, la veille du millénaire, on devra éviter de dormir pour voir à quoi il ressemble. On attendra, on attendra… et l'aube se lèvera, comme d'habitude ! Peut-être n'y aura-t-il rien de nouveau. Après, on pourra aller dormir !

Plus sérieusement, nous nous trompons en espérant qu'il apportera de la nouveauté, des occasions inédites. Les jours et les nuits seront les mêmes. Ce qui compte, c'est la transformation interne. Là réside l'espoir.

Si nous étudions le siècle écoulé, nous constatons que cette planète a connu quantité de changements. Certains ont été positifs, et d'autres négatifs. Quoi qu'il en soit, je crois que l'expérience fait mûrir l'humanité, que notre esprit est plus ouvert. Nous sommes plus conscients des conséquences à long terme de nos actes, y compris de leurs effets sur l'écologie. Nous pouvons donc espérer un avenir meilleur. Tout dépend de nos actes.

Comment surmonter les émotions négatives

(Conférence tenue au Sir Shankerlal Hall de la Modern School, à New Delhi, en 2001)

Quand je m'observe, je constate que mon corps s'est modifié au fil des ans. Jour après jour, nous vieillissons, mais notre expérience s'accroît. Il est plus facile d'acquérir ce savoir que de l'appliquer. Sa mise en œuvre, sa pratique, sont ardues, y compris pour moi. Pourtant, si je compare ma pensée à ce qu'elle était il y a vingt ans, je m'aperçois qu'elle a changé. Peu importe jusqu'où ; ce qui compte, c'est qu'elle ait évolué.

Dans un sens, le changement, l'évolution ou la transformation de l'esprit sont aisés, et dans un autre malaisés. Cependant, une chose est parfaitement claire : je vous assure que, si l'on fait un effort constant, dans la détermination et la conviction, alors l'esprit peut changer. On pense avoir peu avancé, mais c'est assez pour continuer. Même si l'on ne peut provoquer un bouleversement, même si l'on ne peut évoluer qu'un minimum, il y a toujours changement. Dans le buddhadharma et certaines traditions hindoues, nous croyons à une renaissance de vie en vie. Si nous grandissons sur le plan spirituel dans cette vie-ci, cette mutation, même restreinte, produira un impact sur notre prochaine vie. Ensuite, une autre tentative pourra avoir lieu. Il est certain qu'un petit progrès engendrera un effet positif sur nos vies à venir.

Voilà pourquoi le Bouddha Shakyamuni nous dit qu'un pratiquant doit penser en éternités, et non en jours ou en heures. Du point de vue bouddhique, notre vie n'a pas de commencement. D'emblée, le désir de surmonter la souffrance est là. Mais, à lui seul, il ne peut atteindre son objectif. Nous devons aussi suivre la bonne méthode, faire un effort incessant, sans nous soucier du temps. Alors, nos souffrances connaîtront une fin. Bouddha nous en a apporté une démonstration lumineuse.

Conformément à la tradition tibétaine, une majorité d'entre nous croient qu'il est bon pour l'être humain, surtout pour celui qui est plongé dans l'adversité, de psalmodier *Om Mani Padme Hum*. Avant de continuer, récitons cent fois ce mantra à l'intention des victimes du tremblement de terre survenu dans le Gujarat.

D'après le journal d'aujourd'hui, plus de vingt mille personnes ont disparu dans la catastrophe. Pensons aux morts, aux blessés, à ceux qui ont perdu leurs parents. Pensons également aux animaux. Il ne fait aucun doute que les chats, les chiens et d'autres bêtes ont souffert, eux aussi.

Souvenons-nous des êtres sensibles, notamment des humains, et de ces pauvres gens qui mènent une vie difficile avant de mourir dans des conditions tragiques. C'est très triste, non ?

Et maintenant, j'aimerais vous faire part de considérations, d'expériences et de sentiments suscités par ma présence au Kumbhamela, où j'ai passé deux jours. Ce n'était pas la première fois, car j'y avais déjà assisté en 1966. Cette année-là, mon séjour avait été très court et je n'avais pas eu l'occasion de m'entretenir en privé avec les responsables spirituels. Cette fois-ci, en plus d'assumer un rôle public, j'ai pu discuter avec le shankaracharya et quelques autres gourous.

Lors de ma première visite, j'ai reçu des lettres de bouddhistes qui exprimaient leur mécontentement à l'idée de me voir participer à une fête qu'ils qualifiaient d'« hindoue ». Cette année-ci, certains de mes amis se sont montrés réservés sur cette même question. Alors j'ai pensé à mon intérêt pour la défense des valeurs humaines et de l'harmonie religieuse – je crois qu'on les connaît –, ainsi qu'à mon engagement dans ces causes auxquelles je me consacrerai jusqu'à ma mort.

Pendant plus de quinze ans, dès que j'en ai eu la possibilité, je me suis rendu en pèlerinage sur les lieux saints des différentes traditions religieuses : à Jérusalem, à Lourdes… En Inde, si je me trouve à proximité d'un endroit qui abrite des sanctuaires, des mosquées, des temples ou des églises, je m'y rends par respect. J'ai pensé que le fait d'assister au Kumbhamela était une bonne occasion de rendre hommage à l'hindouisme, l'antique religion indienne. Voici quarante et un ans que je réside dans ce pays. Il m'a toujours semblé important de respecter les autres traditions et d'en apprendre davantage à leur sujet. Je pense à celles qui viennent d'ailleurs, comme le christianisme, l'islam, le judaïsme, et à celles qui sont originaires de l'Inde, comme l'hindouisme, le jaïnisme, le bouddhisme, le sikhisme, etc. Je crois que ces traditions locales entretiennent un rapport de proximité très particulier.

Du temps du Bouddha, les bouddhistes et les non-bouddhistes se sont opposés dans certains débats. Nagarjuna, Aryadeva, Buddhapalita, Chandrakirti, Dharmakirti, et plus tard Shantarakshita, Kamalashila et d'autres grands maîtres bouddhistes ont beaucoup écrit sur les anciennes écoles de la pensée hindoue. D'après moi, ce type de controverse est extrêmement utile et beau. Au sein du bouddhisme, il existe aussi quantité de débats. Je pense que le fait de disposer de deux avis contradictoires et d'arguer de leurs mérites respectifs est indispensable à qui veut affiner son esprit. Il ne s'agit pas là d'un combat politique. La discussion est positive. Je crois vraiment que, sans elle, la logique ou la pensée bouddhiques seraient moins avancées. Mais ceux qui ont la vue courte ou l'esprit étroit portent parfois sur ces controverses un regard faussé. Elles produisent alors des divisions et mènent au conflit. C'est pourquoi je pense qu'entendre des idées opposées pour en tirer une leçon vaut la peine.

Dans sa jeunesse, lorsqu'il était siddha, le Bouddha s'est imprégné de la tradition hindoue. Ensuite, il a traversé plusieurs expériences et il est parvenu à l'Éveil. Ce faisant, il a rejeté bon nombre de vieilles traditions, d'idées et de préceptes hindous. Mais, en même temps, il en a gardé beaucoup, comme le shila, le samadhi et vipassana. La théorie de l'anatman et de l'atman illustre la frontière qui sépare le bouddhisme du non-bouddhisme. L'anatman est de mon ressort, et l'atman du leur. Il n'y a pas de problème !

Je crois en l'anatman et, à travers cette foi, je reçois de nombreux bienfaits. Elle soutient mes opinions et mes sentiments. À leurs yeux, c'est la théorie de l'atman qui est très utile. J'accepte les divisions de cet ordre. Tout en essayant de me rapprocher des autres traditions, je crois devoir faire un plus grand effort pour améliorer ma compréhension de leurs préceptes.

Voilà pourquoi j'ai assisté au Kumbhamela. Après deux jours, j'étais très content. J'admire les dirigeants religieux hindous qui s'y trouvaient. Ils ont l'esprit extrêmement ouvert. Quand je suis arrivé, l'un d'entre eux me tenait fermement par la main en récitant le *Buddham Sharnam Gacchami*, une prière bouddhique. C'est beau, non ?

Très beau… Dans son allocution, il a expliqué que Bouddha avait prôné la compassion, le mahakaruna et la non-violence. Par la suite, un autre shankaracharya a déclaré que notre rapprochement était très important. C'est magnifique. Selon moi, il pourrait s'agir d'un nouveau départ.

Il est triste, même si l'on peut le comprendre, que certains bouddhistes de ce pays, et notamment les néobouddhistes, adoptent une attitude assez négative vis-à-vis des hindous. C'est inutile ! Nourrir des sentiments négatifs envers autrui n'est pas la voie du bouddhisme. Pour ce qui est des hindous, je crois que l'heure est venue de changer le système des castes et d'autres coutumes. Disons-le clairement : ces traditions sont surannées. Je souhaite qu'une action plus concertée élimine les sentiments et les éléments négatifs. Si nous nous efforçons de comprendre les autres au lieu de les critiquer et si nous améliorons nos relations, alors les hommes politiques et les autres méchantes gens qui manipulent les différences religieuses finiront isolés.

J'ai vraiment senti que mon pèlerinage au Kumbhamela m'offrirait l'occasion d'apporter une petite contribution. Voilà toute l'histoire… Autre chose importante : avant d'arriver, j'avais entendu dire qu'il y avait beaucoup de poussière et je craignais d'attraper un rhume. Heureusement, j'y ai échappé ! Enfin, j'aimerais ajouter quelque chose à l'intention de nos amis bouddhistes, et tout particulièrement des bouddhistes tibétains. Il y avait plus de vingt-cinq millions d'êtres humains au Kumbhamela. Tous étaient strictement végétariens. Pas un seul animal n'a été sacrifié. Je trouve cela merveilleux. Si dix mille Tibétains se rassemblaient, je crois que les bouchers auraient fort à faire. C'est un peu dommage…

Nous nous sommes longtemps efforcés, certaines institutions monastiques et nous-mêmes, de prôner l'adoption du régime végétarien dans les monastères. Pensons à faire de même dans nos grandes réunions.

Revenons-en à la question des émotions. Sans elles, notre vie serait incolore. Elles peuvent être très bonnes. Mais je pense qu'il est vital d'établir des distinctions. Certaines semblent chatoyantes à court terme, mais elles sont destructrices à long terme. D'autres créent un léger malaise au début, mais elles sont sources d'immenses bienfaits à long terme. Il importe de les connaître et de savoir distinguer celles qui sont utiles de celles qui sont négatives et à écarter. Tous les êtres vivants, y compris les plantes, ont le droit de survivre. Parmi eux, ceux qui font l'expérience de la douleur et du plaisir ont, en outre, le droit de survivre dans le bonheur. Tel est notre droit fondamental. Les êtres sensibles, ou les êtres vivants qui ont la capacité de sentir, qui détiennent la cognition, éprouvent le désir de surmonter la souffrance et la douleur pour parvenir au bonheur et au plaisir. Il existe deux niveaux d'expériences qui procurent plaisir ou douleur. Le premier est purement sensoriel.

Voir un bon objet, un bel objet, suscite en nous un plaisir mental. Un beau son peut nous rendre heureux. À cet égard, les êtres humains et les animaux connaissent des expériences similaires. Sur le plan sensoriel, nous pouvons ressentir le plaisir, la joie ou la douleur.

Ce niveau est capital pour les êtres humains. Le confort matériel est nécessaire et utile, car il nous apporte le plaisir. Il peut s'agir d'un beau jardin peuplé d'oiseaux et d'autres animaux, d'une musique, d'agréables parfums, de saveurs délicates ou du toucher, y compris dans un cadre sexuel. Nous partageons tous ces éléments avec les bêtes.

Mais, si nous en restons là, nous ne sommes pas des êtres humains complets. Grâce à notre intelligence, nous avons la mémoire plus longue que les animaux, ainsi qu'une plus grande aptitude à visualiser et à voir à très long terme – pas seulement à l'échelle de notre vie, mais à celle de plusieurs. L'être humain peut conserver le souvenir d'un passé lointain. Des milliers d'années d'expériences subsistent sous forme d'écrits. Néanmoins, à cause de notre intelligence, nos sources de préoccupations ont tendance à se multiplier. C'est pourquoi nous avons parfois trop d'attentes, qui traînent dans leur sillage le doute, la peur et le soupçon, autant d'éléments bien plus puissants chez nous que chez les animaux.

De toute évidence, l'intelligence humaine engendre un sentiment de malheur que le confort matériel ne saurait effacer. Certains nantis qui n'ont à se soucier de rien sont pourtant malheureux. Le bien-être matériel est donc impuissant contre le malaise, le déplaisir ou l'agitation du mental. En revanche, si le bonheur et le plaisir règnent au niveau du mental, le mal-être physique peut facilement se maîtriser. Dans certains cas, connaître des difficultés concrètes peut engendrer un surcroît de plaisir mental.

Quand on est prêt sur le plan mental, on peut affronter n'importe quelle gêne physique. Le niveau mental de l'expérience est donc supérieur au niveau sensoriel. Aussi le progrès matériel ne peut-il à lui seul combler toutes les exigences humaines. Il nous en faut plus. Ce sont les émotions qualifiées de « négatives » qui détruisent la paix et le confort de l'esprit.

On peut ressentir la compassion et l'attention portée à autrui sans qu'elles dérangent beaucoup l'esprit. En fait, ces émotions se manifestent et se renforcent grâce à l'entraînement et au raisonnement. Elles ne viennent pas tout de suite. En revanche, d'autres, comme la colère et la jalousie, surgissent dans l'instant, quand bien même leur apparition est due à des raisons superficielles. D'ordinaire, elles sont destructrices, alors que les premières – un fort karuna, la compassion et la bienveillance – sont bénéfiques et utiles à long terme. La distinction entre émotions négatives et émotions positives se fonde sur le fait que, par nature, nous voulons tous le bonheur, et non la souffrance. Par conséquent, tout ce qui – à l'extérieur comme à l'intérieur – finit par rendre heureux est positif. En revanche, tout ce qui entraîne une expérience douloureuse est négatif. La première loi de la pensée bouddhique est celle-ci: nous voulons le bonheur. Y parvenir est notre droit fondamental. Tout ce qui suscite le plaisir, la joie et le bonheur est donc positif, car c'est ce que nous cherchons. Les émotions négatives, elles, détruisent notre bonheur.

J'aimerais analyser pour vous les trois niveaux auxquels il est possible de contrer les émotions négatives. Le premier relève d'une éthique laïque et n'est relié à aucune croyance religieuse. Il nous faut essayer d'utiliser notre intelligence pour analyser ce qui se passe dans une situation donnée. Commençons par identifier les bienfaits ou les conséquences à long terme et à court terme de nos émotions négatives. Quand nous aurons pris conscience de leurs effets néfastes à long terme, nous choisirons de les réprimer. Considérons les conséquences possibles d'une forte malveillance, d'une haine envers autrui. Dès qu'elles apparaissent, la paix de l'esprit s'évanouit. Pour finir, le sommeil se dégrade et notre digestion peut s'en ressentir. Notre équilibre physique est détruit. D'intenses émotions négatives anéantissent la paix de l'esprit et la santé. En outre, si nous éprouvons de forts sentiments négatifs envers autrui, nous finissons par croire que tout le monde partage cette attitude.

Ainsi, le soupçon, le malaise et la peur se manifestent au moindre contact.

Cette attitude suspicieuse va, me semble-t-il, à l'encontre de la nature humaine, car nous sommes des animaux sociaux. Que cela nous plaise ou non, nous devons vivre en communautés et ne pouvons survivre dans l'isolement. Quand nous traitons négativement ceux dont nous dépendons, nous nous mettons en difficulté. Selon moi, les habitants d'une grande ville forment une communauté ; et pourtant de nombreux individus se sentent très seuls. Parfois, les gens ne font pas confiance aux autres et ne les respectent pas.

On peut trouver de méchantes gens au sein d'une population, quelle qu'elle soit. Mais si nous traitons nos semblables en frères et en sœurs, ils nous le rendent. Nous savons que chacun fait les mêmes expériences que nous. Je ressens de la colère, comme vous. Il m'arrive d'être jaloux, comme vous. Il n'y a pas de différence entre nous. C'est pourquoi je traite autrui comme moi-même. Je n'ai rien à cacher… Je suis ouvert, direct. C'est ainsi, je pense, que la confiance et l'amitié peuvent croître.

Comme vous le constatez, une bonne partie de nos malheurs est due aux erreurs de notre intelligence. Parce que nous n'analysons pas correctement les situations, nous ressentons des émotions négatives. Pour les surmonter, nous devons prendre conscience de leurs conséquences à court et à long terme, mais aussi analyser la réalité de la situation. Celle-ci se compose d'éléments interdépendants. Tout est dû à des causes et à des conditions multiples. Telle est la réalité. Mais dans notre esprit, notre perception, nous désignons une cause et nous la rendons responsable de la survenue d'événements malheureux. Puis nous ressentons de la colère. Si nous y réfléchissons plus attentivement, si nous restons réalistes dans nos affirmations, nous voyons bien que ces événements résultent de causes et de conditions différentes, y compris de notre attitude mentale. Si nous savons que, en réalité, de nombreuses causes sont en jeu, nous ne pouvons plus en accuser une et une seule.

De même, un événement heureux est dû à de multiples causes. Si nous le comprenons, nous constatons qu'il n'y a pas grand-chose sur quoi fonder une distinction entre le bien et le mal. Quelqu'un profite de nous. Cet état de fait est mauvais, injuste, et nous devons y mettre fin. Certes, il nous faut adopter des contre-mesures, mais sans ressentir des émotions négatives. C'est possible. En fait, de telles mesures sont plus efficaces. La prise de conscience de la réalité et de ses conséquences nous permet de changer d'attitude. En définitive, nous pouvons nous convaincre que certaines émotions sont inutiles et éventuellement nocives. Dès lors que nous en sommes persuadés, nous nous éloignons de nos émotions négatives, nous les repoussons. Mais tant que nous n'y croyons pas, nous prenons ces émotions destructrices pour une part de notre esprit, voire de nous-mêmes.

Je ne me fonde pas ici sur des questions religieuses, mais tout simplement sur l'attention que je porte à autrui, sur le fait que je considère mes semblables comme les membres de ma communauté. En réalité, nous faisons tous partie de la communauté humaine. Si elle est heureuse, si elle réussit sa vie, si elle a un avenir radieux, alors, automatiquement, j'en retirerai certains bienfaits. Si elle souffre, moi aussi je souffrirai. C'est un corps auquel nous appartenons. Quand nous l'avons compris, lorsque nous cultivons ce genre d'attitude, nous pouvons changer notre pensée. La bienveillance, l'engagement, la discipline, le sentiment de ne faire qu'un avec l'humanité, voilà ce qui compte aujourd'hui. Cette éthique laïque constitue le premier niveau qui nous permet de contrer les émotions négatives.

Le deuxième niveau nous est enseigné par les plus grandes traditions religieuses, dont le christianisme, l'islam, le judaïsme ou l'hindouisme, qui véhiculent un message d'amour, de compassion, de pardon, de tolérance, de contentement et de discipline. Ce sont autant de contre-mesures aux émotions négatives. Quand la colère est sur le point d'éclater, quand la haine s'apprête à jaillir, pensons à la tolérance. Il importe de mettre fin au déplaisir mental dès que nous le ressentons, car il nous mène à la colère et à la haine.

La patience est la contre-mesure au déplaisir mental. La convoitise – je veux ceci et cela

– entraîne le malheur, la destruction de l'environnement, l'exploitation d'autrui et l'élargissement du gouffre qui sépare les riches des pauvres. Ces phénomènes sont engendrés par la convoitise et son égocentrisme. Leur contre-mesure, c'est le contentement. Quand celui qui éprouve de la convoitise rencontre le moindre obstacle à son bonheur, il est totalement perturbé. La pratique du contentement est donc utile au quotidien. Quant à l'autodiscipline, elle résiste aux émotions négatives. Elle permet de se protéger des désastres à long terme. Sans se référer à un ordre, elle permet à l'individu de s'éviter une vie de malheurs.

Toutes les traditions religieuses ont leurs méthodes pour parvenir à la compassion et au pardon. Si nous acceptons la religion, nous devons prendre ces méthodes au sérieux et les appliquer avec sincérité au jour le jour. Alors, une vie riche de sens peut advenir. Sinon, rien ne change. Par exemple : nous, les Tibétains, nous pouvons porter un rosaire et réciter quelque chose alors que notre esprit est ailleurs. Certains de nos frères et sœurs chrétiens peuvent aller à l'église le dimanche, fermer les yeux un moment, puis reprendre une vie où rien n'aura bougé. La véritable pratique se manifeste à l'extérieur, et non à l'intérieur de nos lieux de culte, car c'est là que nous rencontrons les situations de la vraie vie et que nous affrontons toutes les occasions de ressentir la colère, la jalousie, l'attachement, etc.

J'ai récemment fait la connaissance d'un prêtre chrétien. Il m'a demandé mon avis, car il avait l'impression que les gens ne s'intéressaient pas aux doctrines chrétiennes, qu'ils les jugeaient déconnectées du quotidien. D'après moi, ce phénomène n'est pas dû à un quelconque travers du message christique, mais à une mauvaise appréciation. Pratiquer une religion, ce n'est pas simplement prier. C'est employer les moyens dont je viens de parler : l'amour, la compassion, le pardon. Si on les prend au sérieux, si on les met en œuvre au quotidien, on s'aperçoit qu'ils sont efficaces. Lorsque vous sentez la colère monter, par exemple, souvenez-vous que Dieu sera heureux de vous voir pratiquer la tolérance. Quand vous voyez de bonnes choses, la convoitise et l'attachement grandissent. Dans ces moments-là, souvenez-vous que vous croyez en Dieu et que vous êtes censés répondre à ses attentes. Vous constaterez que le contentement apparaît et que la convoitise disparaît. L'application sincère des principales traditions religieuses, dans leur essence, aura automatiquement une pertinence sur la vie de tous les jours, qui deviendra plus riche de sens. Tel est le deuxième niveau des contre-mesures qui permettent de surmonter les émotions négatives.

Le troisième niveau, c'est la voie du bouddhisme. Si l'on tente d'identifier l'origine de tous les types d'émotions perturbatrices, comme la colère, on découvre quatre conceptions erronées. La première porte sur les différentes sortes de réalités. Par exemple : nous avons tendance à prendre l'impermanent pour le permanent, l'éternel, et cette confusion nous vaut souffrance et gêne mentale. De même, nous confondons souvent souffrance et bonheur, et nous voyons les expériences contaminées comme des sources de plaisir. En outre, nous avons tendance à prendre l'impur pour le pur. Nous sommes incapables de déceler l'impureté de notre corps psychophysique, que nous considérons souvent comme un élément pur, propre, et auquel nous nous attachons. Enfin, nous sommes enclins à voir ce qui est absence de soi comme étant doté d'un soi existant et indépendant. Toutes ces conceptions erronées affolent notre esprit et nous font ressentir différentes émotions perturbatrices.

Le Bouddha a enseigné les trente-sept auxiliaires de l'Éveil pour que nous affrontions ces mauvaises appréhensions. Il nous a notamment conseillé d'entretenir les quatre attentions rapprochées. La première concerne la véritable nature du corps, constitué de diverses substances malpropres. Quand on y réfléchit de près, on s'aperçoit que le corps est de nature impure, impermanente. Qu'on étudie sa nature en fonction de sa cause ou de son entité actuelle, on découvre qu'il est impur, malpropre. Par exemple : la cause du corps physique, c'est la fusion d'un spermatozoïde et d'un ovule, l'un et l'autre venus de nos parents.

Envisagé sous son entité actuelle, notre corps, de la tête aux pieds, est par nature impur.

Examinons ce qu'il produit – l'urine, les excréments, etc. – et nous ne verrons que substances malpropres. En fait, c'est une machine à produire des saletés. Lorsqu'elle fonctionne bien, la forme ou la couleur de ce qu'elle rejette est tout à fait correcte. En revanche, quand quelque chose pose problème, des phénomènes insolites se produisent. En réalité, ce que nous consommons de plus cher et de plus beau est sali par cette machine. Songeons-y…

Le corps psychophysique est source de souffrances supplémentaires. En lui se mêlent et coexistent quatre éléments de base : la terre, l'air, l'eau et le feu. Lorsqu'on prend conscience de leur nature, on s'aperçoit qu'ils sont conflictuels. Quand on déclare : « Je suis heureux » ou « Je suis en bonne santé », on veut dire que ces quatre éléments conflictuels sont égaux en puissance. Dès que l'un prend le pas sur l'autre, l'équilibre est rompu et l'on tombe malade.

J'ai plus de soixante-six ans. Jusqu'à présent, plusieurs facteurs ont fait que ce corps a survécu. Un corps qui se contente de survivre… Quel sens cela a-t-il ? Toutefois, si notre merveilleuse intelligence survit et fonctionne normalement, nous pouvons essayer de cultiver l'altruisme infini et une compréhension plus profonde de la réalité. C'est merveilleux ! Tel est le point de vue du bouddhisme. Pensez-y… Si vous y réfléchissez bien, vous comprendrez comment nous percevons ce corps impur comme étant pur et propre.

Quand nous disons de la deuxième conception erronée qu'elle nous fait prendre la souffrance pour le bonheur, nous ne parlons pas du niveau ordinaire. En effet, à ce niveau-là, personne ne confond ces deux concepts. Nous parlons d'un niveau plus profond. Comme je l'ai indiqué, il existe deux types de sentiments : ceux qui se manifestent sur le plan corporel et ceux qui se manifestent sur le plan spirituel. La majeure partie du bonheur physique est due à une diminution du malheur physique. Par exemple : vous grelottez de froid. Soudain, vous vous précipitez au soleil et vous y restez. Vous éprouvez du plaisir et vous vous sentez heureux. La lumière du soleil ne recèle aucun plaisir particulier. Elle ne fait qu'atténuer la souffrance provoquée par le froid.

La preuve, c'est que s'il s'agissait d'un sentiment réel, durable, indépendant, vous devriez pouvoir rester longtemps au soleil et votre bonheur augmenterait au lieu de diminuer. Or il n'en est rien. Au bout d'un moment, vous aurez chaud et il vous faudra de nouveau de l'ombre. Et si vous restez trop longtemps au soleil, votre plaisir initial se changera en souffrance. Dans bien des cas, un plaisir physique semble bon, satisfaisant, mais à y regarder de plus près, on découvre qu'il se révèle désagréable s'il se prolonge.

Venons-en au bonheur mental. Tant qu'on se trouve sous l'emprise des émotions perturbatrices, l'esprit n'est pas indépendant, libre. Si l'on y réfléchit bien, on comprend qu'il se heurte à la souffrance, même si l'on se sent provisoirement heureux. Par exemple : un malade atteint d'une affection chronique peut ne pas connaître des souffrances aiguës à tout moment, mais il n'en reste pas moins vrai qu'il n'est pas bien portant. Il n'est pas libre vis-à-vis de la maladie.

La troisième conception erronée consiste à confondre l'impermanent et le permanent. La puissante emprise qui porte sur le soi nous pousse, au quotidien, à juger notre bonheur durable, voire éternel, et à tout percevoir comme étant permanent. Par exemple : quand je visite un vieux château, je me dis que, à l'époque de sa construction, le roi savait tout naturellement que son œuvre serait permanente. Prenez la Grande Muraille de Chine. Pour l'édifier, quantité de personnes ont connu bien des difficultés pendant de nombreuses années. L'empereur pensait que son pays serait permanent. Aujourd'hui, il ne reste rien de cet ouvrage, hormis quelques pans. Prenez Hitler, Staline ou Mao. Ils se disaient tous : « C'est *ma* région, *mon* idéologie, *mon* pouvoir. » Ils ont massacré des millions d'individus pour essayer de rendre ces éléments permanents.

Il est utile de réfléchir à l'impermanence, qui comporte deux niveaux. Le premier est très subtil. Le second est celui de l'impermanence de la continuité, comme dans le cas de la mort d'une plante, de la cessation de toute vie. Nous assistons à la fin d'une continuité. Si c'est possible, c'est que tout change d'un instant à l'autre. Dans le cas contraire, observer la fin de la continuité serait impossible. Si la fin d'un objet concret, vue sous l'angle de sa continuité, est possible, c'est qu'un changement continu se produit au sein de tous les phénomènes impermanents. En observant et en percevant la désintégration de la continuité d'un objet ou d'un phénomène impermanent, nous pouvons constater la nature changeante de tous les types de phénomènes impermanents.

Pour appréhender la nature de l'impermanence et de la désintégration, nous devons comprendre que tous les phénomènes impermanents sont par nature, dès qu'ils se manifestent, changeants, faits pour se désintégrer. S'efforcer de comprendre qu'un objet a fini par se désintégrer et ne plus être se révèle moins utile.

La quatrième conception erronée consiste à confondre absence de soi et soi, à considérer ce dernier comme étant doté d'une existence indépendante. Plusieurs écoles philosophiques du bouddhisme proposent des interprétations et des explications différentes de la notion d'« absence de soi ». En règle générale, les bouddhistes pensent qu'il y a pas de soi autosuffisant, s'entretenant de lui-même et doté d'une existence intrinsèque. Quand on l'a compris, on peut s'opposer à la conception erronée selon laquelle ce soi existe. Lorsqu'on a reconnu cette conception erronée, on peut atténuer l'emprise, l'attachement et la colère. Plus on croit que le soi est autosuffisant et qu'il s'entretient de lui-même, plus on s'attache au corps, à la maison, aux parents, etc. En revanche, plus on comprend l'absence d'un tel soi, moins on s'attache aux objets matériels.

Le Bouddha a enseigné non seulement l'absence de soi de la personne, mais aussi celle de tous les phénomènes. Par conséquent, un individu est privé d'existence autosuffisante, s'entretenant d'elle-même, et les objets dont il jouit n'ont que l'apparence de l'existence permanente. Nous avons tendance à considérer les objets externes, matériels, dont nous jouissons comme étant dotés d'une existence indépendante, intrinsèque, mais ces objets et cette jouissance n'existent pas.

Là encore, on trouve différentes explications au fait que les choses n'existent pas telles qu'elles nous apparaissent. D'après le Chittamatra, l'école de pensée dite « de l'Esprit seul », elles nous apparaissent comme étant dotées d'une existence externe, alors qu'en fait il n'en est rien. Par nature, tout est esprit. D'après le Madhyamika, l'école de pensée qualifiée de « centriste », elles n'ont pas d'existence indépendante ou intrinsèque. Ce sont des illusions conditionnées par nos facultés sensorielles et notre esprit.

Plus on comprend l'absence de soi de la personne et de la pensée, plus on peut comprendre le revers de la médaille : l'interconnexion de tout. Certes, rien n'a d'existence indépendante, mais tout est fortement interdépendant et interconnecté.

En comprenant les trois premières conceptions erronées, nous nous procurons les antidotes qui nous permettent de les rejeter. En comprenant la quatrième, nous éradiquons la conception erronée du soi.

Plusieurs voies permettent de combattre les émotions négatives : la voie du Hinayana, la voie du bodhisattva et la voie du Tantrayana. Bien que différentes, elles visent toutes le même objectif : l'élimination des émotions négatives. Tel est le nirvana.

Dans les faits, on a souvent besoin d'une méthode pour surmonter ces gênes mentales. Quelle qu'elle soit, il est néanmoins impossible qu'elle calme sur-le-champ toutes les inquiétudes. Selon moi, il en va de même de la santé d'un corps. Quand notre corps, notre constitution, notre système immunitaire se portent bien, nous pouvons réagir aussitôt et nous débarrasser d'une infection. Mais lorsque le système immunitaire du corps est affaibli, il est très difficile de combattre l'infection, si bénigne soit-elle. Pareillement, quand notre attitude mentale est saine et forte grâce à l'entraînement, au savoir et à la conviction, un événement tragique peut se produire – la perte d'un parent ou d'une personne chère, une injustice, l'apparition d'une maladie incurable –, notre attitude mentale suffit à le contrer. Nous pouvons conserver la paix de l'esprit et faire face à l'événement malheureux de façon plus paisible, plus positive.

Si l'on n'a pas assez entraîné l'attitude mentale, il est difficile de surmonter le problème. Il est donc essentiel d'exercer l'esprit. Pour ce faire, on doit nourrir une conviction. Or celle-ci ne survient qu'après analyse en profondeur. Pour réussir, il faut beaucoup de matière et d'informations. Vous le constatez, la voie de la pratique bouddhique débute par l'étude. Écoutez, lisez, contentez-vous d'absorber les informations ! Lorsque c'est chose faite, analysez-les. Ne comptez pas uniquement sur les citations du Bouddha. Fondez-vous sur vos investigations et vos expériences. C'est ainsi que vous vous doterez de la forte conviction qui finira par modifier votre attitude mentale.

Pour surmonter les émotions négatives, nous devons user de notre intelligence afin de les analyser. À l'aide de cette intelligence, il nous faut aussi fortifier les émotions positives, dont la foi et la compassion. Ainsi, la sagesse et les émotions positives peuvent croître de pair. La foi et la compassion véritables doivent reposer sur la raison et l'intelligence. Telle est la voie du bouddhisme, celle qui permet de surmonter les émotions négatives et d'y mettre fin.

Votre Sainteté, lors du Kumbhamela, êtes-vous allé vous plonger dans le Gange ?

Non, mais j'ai versé quelques gouttes d'eau ici. Ça suffit…

Votre Sainteté, pourriez-vous nous donner votre opinion sur Dieu, et sur la vie avant et après la mort ?

Qu'est-ce que Dieu ? D'une certaine façon, le mot « Dieu » signifie « amour infini ». Je pense que les bouddhistes acceptent cette définition. En revanche, ils refusent Dieu au sens d'entité suprême, située au centre, d'absolu, de créateur. Pour eux, ce concept renferme de nombreuses contradictions. Je crois que les chrétiens acceptent l'idée d'un créateur et celle d'une seule vie, celle-ci, créée par Dieu. C'est une idée très forte, qui a sa beauté, car, voyez-vous, elle engendre un sentiment d'intimité avec Dieu.

Quand une personne nous déplaît, il nous est très difficile de modifier ce sentiment. Pourquoi ?

S'il en est ainsi, c'est, je crois, que la colère nous obnubile. Tout est relatif. Si vous observez le même objet sous des angles divers, vous le verrez différemment. Par exemple : nous avons perdu notre pays, qui a subi quantité de destructions. Si nous ne réfléchissons que sous cet angle, une grande perturbation et une grande tristesse surgissent. Mais à cause de cette tragédie, nous sommes devenus des réfugiés et nous avons pu, à de nombreuses reprises, agir avec diverses personnes : des religieux, des savants ou des gens du commun. C'est très constructif. C'est une bonne occasion d'apprendre. Selon le point de vue, la même situation présente d'un côté des implications extrêmement tristes, et de l'autre de nouvelles opportunités. Essayer d'étudier les questions sous différents angles est utile. Ça aide à établir des comparaisons. Quand une tragédie survient, on peut penser à ce qui se passerait si les choses étaient encore pires. Quand on compare, on constate que sa propre situation est bien meilleure. L'attitude mentale change énormément selon la perception qu'on a d'une même situation.

Quelle doit être la limite spirituelle de l'ambition pour un travailleur très occupé ?

Comme je l'ai déjà dit, le travail est une occasion de pratiquer l'autodiscipline, le contentement, la tolérance et la patience. Mais pour ce faire, vous devez d'abord étudier, vous convaincre que certaines émotions sont destructrices, et d'autres utiles. Lorsque vous aurez clairement établi cette distinction, cette prise de conscience de ce qui est utile ou nocif, vous pourrez étendre votre pratique à la vie quotidienne. Une pratique spirituelle, ce n'est pas seulement rester assis en posture de méditation et ne rien faire.

Les pigeons, quand ils ont le ventre plein, méditent aussi. Ils sont pareils aux dieux : parfaitement immobiles. Ce n'est d'aucune utilité. Méditer, c'est faire reculer tous les sens et rester en état de non-pensée. Mais ce n'est rien en soi. Ça ne produit que peu d'effets. Pourtant, certaines pratiques, certaines méditations ont besoin de se fonder sur la non-pensée. Alors une autre sagesse, plus profonde, se manifeste. C'est différent. Mais sinon, la non-pensée pure et simple, ce n'est rien.

Si ce corps est le fondement de la souffrance et s'il est impur, alors pourquoi voit-on en lui le seul véhicule du salut ?

Il y a deux explications à cela : la merveilleuse intelligence humaine et la claire lumière. Il n'y a pas grande différence entre les animaux et les êtres humains. En l'état actuel des choses, nous n'avons pas la possibilité d'utiliser l'esprit subtil. Nous devons utiliser notre intelligence normale. Au niveau le plus grossier de l'esprit, il y a donc l'intelligence. Le cerveau, qui fait la différence, est capable d'abriter une intelligence complexe. Quant aux animaux, il leur est impossible d'utiliser le niveau le plus grossier de l'intelligence humaine et d'essayer d'utiliser l'esprit subtil. Et pourtant, à leur mort, ils connaissent les mêmes expériences. Voilà pourquoi le corps humain est précieux, mais pas au sens où il est bon en soi.

Votre Sainteté, pourriez-vous expliciter la différence entre étroitesse d'esprit et largesse d'esprit ?

L'étroitesse d'esprit consiste à ne penser qu'à aujourd'hui. La largesse d'esprit, c'est ne pas s'arrêter aux expériences présentes et envisager l'avenir. Ne penser qu'à soi, c'est de l'étroitesse d'esprit. Quand je suis conscient du fait que mon futur est relié à celui des autres, que mes intérêts dépendent entièrement des leurs, que si je veille à leurs intérêts, les miens obtiendront automatiquement satisfaction, j'adopte, me semble-t-il, une attitude qui témoigne d'une plus grande largesse d'esprit. Quand on se préoccupe de son prochain, on finit par en retirer des bienfaits. Quand on ne se soucie pas de lui, on finit par en souffrir… C'est comme ça !

L'expression « absence de soi » signifie-t-elle aussi « oubli de soi au profit d'autrui » ?

Non. Considérons par exemple l'accroissement de l'altruisme, du souhait de parvenir à l'Éveil pour le bien de tous les êtres sensibles. Certes, l'individu altruiste a pour objectif premier d'apporter des bienfaits aux autres êtres sensibles ; mais, en même temps, il aspire à l'Éveil, à la bouddhéité, pour lui-même. Il est mauvais de penser à soi en ignorant totalement les autres êtres sensibles, en les méprisant. Mais en les aidant avec fidélité et sincérité, on atteint aussi son objectif. C'est pourquoi, quand nous associons la réussite ultime à la bouddhéité, nous parlons de rupakaya et de dharmakaya, respectivement « corps de forme » et « corps de vérité ». D'ordinaire, nous employons deux termes différents. « Dharmakaya » désigne le corps pour soi-même, et « rupakaya » le corps pour autrui. Même si l'on pense aux autres et si l'on œuvre pour eux, on atteint son but… par contrecoup, pour ainsi dire.

Y a-t-il plusieurs sortes d'émotions négatives ?

D'après les textes, il y a quatre-vingt-quatre mille sortes d'émotions perturbatrices. Mais les différentes sortes d'émotions perturbatrices qui peuvent se présenter à notre esprit sont illimitées. L'abhidharma identifie ce qu'il appelle six « passions-racines » et vingt-deux « passions secondaires ».

Jusqu'où peut-on se sacrifier dans la vraie vie ?

Dans son enseignement, le Bouddha nous déconseille de sacrifier notre corps à autrui, sauf si nous sommes parvenus à un certain niveau d'accomplissement. Aussi devons-nous calculer les bienfaits à long terme, à court terme, etc. Si nous nourrissons une forte conviction et une forte confiance en raison de notre haut niveau d'accomplissement, alors il nous encourage à sacrifier notre corps, il nous le conseille, afin que nous soyons source de bienfaits pour les autres êtres sensibles.

L'âme est-elle liée à un destin tout tracé, ou disposons-nous d'un libre arbitre ?

Dans le bouddhisme, le libre arbitre existe. Même quand nous évoquons les différents types de karmas, la nécessité de faire l'expérience de leurs conséquences et les karmas dits « définitifs », dont les effets doivent être expérimentés au cours de cette vie-ci… Même dans ces cas-là, nous entendons ce qui suit : si l'on ne se dote pas de forces positives afin de contrer les karmas négatifs, si on ne les accroît pas, alors on se condamne à faire l'expérience de ces effets. Mais si l'on produit un effort destiné à accroître certaines contre-forces positives, alors le karma définitif lui-même peut changer. Tout dépend de la façon de penser et du karma accumulé. En fait, je crois que la personne, l'individu, accumule son karma en fonction de son libre arbitre.

Qui a été le plus admirable : le seigneur Bouddha ou Siddharta, qui a sacrifié sa vie pour devenir le Bouddha ?

Dans un soutra, il est dit que si un bouddha éveillé voit un bodhisattva se présenter sur un char que personne ne tire, il doit tirer le char. C'est formidable. Les bouddhas détiennent l'accomplissement, la puissance et l'omniscience. Sur le plan du développement spirituel, ils ont atteint l'état supérieur de l'Éveil et du pouvoir. Les bodhisattvas, qu'ils fassent partie de ceux qui n'ont pas éliminé les obscurcissements à l'Éveil et au nirvana ou de ceux qui ne se sont pas totalement débarrassés des émotions perturbatrices, sont encore victimes de certaines confusions et subjugués par les émotions perturbatrices. Mais ils se consacrent entièrement au bien des autres êtres sensibles. Ils sont admirables. Bien entendu, tout dépend de votre point de vue sur ces deux points.

Vu sous l'angle de son omniscience, le Bouddha, un être complètement éveillé, est le plus admirable. Vu sous l'angle de son sacrifice au profit des autres êtres sensibles, le bodhisattva est admirable, quand bien même il n'est pas éveillé.

Comment rester positif quand on est écrasé par l'injustice faite à l'homme et à l'environnement ?

Pour un débutant, il est très difficile d'affronter cette question. C'est une tâche accablante. Il faut davantage d'entraînement, de pratique et de compréhension. Les pratiquants situés dans la phase initiale doivent s'isoler encore plus et effectuer une sorte de préparation. Lorsqu'on s'est donné la force intérieure et la confiance en soi, alors le monde, ou l'environnement extérieur, peut devenir une pratique. Plus le champ d'application est perturbé, plus la pratique peut s'accroître et progresser.

Quel réconfort le bouddhisme offre-t-il à ceux qui traversent des événements très douloureux, comme le récent tremblement de terre ?

Tout dépend de la croyance et de la foi de chacun. Tout s'articule autour de la personne que vous approchez.

Face à de tels événements, le bouddhiste peut réfléchir à l'impermanence et à la souffrance inhérente au samsara. Si nous sommes correctement motivés, une expérience tragique peut nous permettre de réduire le nombre de nos malentendus. Elle peut expliquer des points comme la loi infaillible de la cause et de l'effet, ou nous faire comprendre que, à long terme, l'expérience de ces problèmes peut nous purifier de certaines conséquences négatives.

Mais la voie humaine consiste à se rendre sur place, à partager la souffrance de ceux qui ont été touchés, à leur témoigner de la sympathie et de l'attention. En soi, une telle démarche fait toute la différence. Je crois qu'on peut soulager la douleur de cette façon. Et, bien sûr, l'assistance médicale, les dons et d'autres moyens pratiques doivent être mis en œuvre pour venir en aide aux victimes.

Votre Sainteté, pouvez-vous nous parler un peu des dakinis ?

Les dakinis… Je ne sais pas. Je pense qu'elles existent sur un plan mystérieux. Parfois, il est possible de communiquer avec certaines d'entre elles. Nous croyons qu'elles se manifestent sous les traits de femmes. Comment mener l'investigation ? C'est bien difficile ! En fait, je pense que, parmi les sadhus présents au Kumbhamela, il y a certains pratiquants très expérimentés. Par exemple : ceux qui vont complètement nus et qui, m'a-t-on dit, restent un an, voire beaucoup plus, dans la montagne. Ils doivent avoir acquis une certaine expérience sans laquelle il leur serait impossible d'y parvenir. Pour tout dire, avant de me rendre sur place, j'ai demandé à voir certains sadhus. C'est difficile, sauf si quelqu'un en connaît un et peut vous présenter à lui. Dans le cas contraire, on se contente de rencontrer des sadhus nus, on fait une photo, et puis rien… C'est inutile.

Tilopa, Naropa, Gompopa, de grands siddhas du passé, avaient l'air de mendiants. Certains étaient chasseurs, d'autres pêcheurs et d'autres encore simples mendiants. On ne peut connaître leur expérience intérieure qu'en passant plusieurs mois avec eux, en menant une investigation sur leur quotidien, leur comportement, leur façon de s'exprimer. En règle générale, ceux qui ont une profonde expérience intérieure ne l'étalent pas. Inversement, ceux qui n'ont pas grand-chose à l'intérieur affichent souvent… de grandes choses, non ?

Si Dieu a créé l'univers, qui a créé Dieu ?

Telle est la grande question du bouddhisme. C'est pourquoi nous n'acceptons pas le concept de Dieu.

Quelle est la meilleure façon d'enseigner la compassion ?

J'éprouve une certaine réserve face aux notions de meilleur, de plus rapide, de plus facile, de plus économique…

Aujourd'hui, on traduit de plus en plus les textes bouddhiques et d'excellents ouvrages sur le bouddhisme sont disponibles. Lisez-les, étudiez-les et vous trouverez la réponse. Mais choisissez la meilleure !

Un homme ordinaire peut-il parvenir à l'Éveil s'il joue le jeu de l'univers ?

En règle générale, oui. C'est possible à long terme. Dans un beau poème, P'habongkha Rinpotché dit en substance que, si vous pratiquez avec sincérité, même si vous restez sous votre toit, vous parviendrez à l'Éveil, comme Marpa, Milarepa ou d'autres rois et d'autres ministres indiens ou tibétains. Si vous ne pratiquez pas, même si vous restez longtemps dans la montagne, vous ne serez que comme la marmotte qui hiberne plusieurs mois dans son terrier.

Quelle est la situation la plus difficile que Votre Sainteté ait eu à surmonter ?

Je n'en sais rien. C'est difficile à dire. Tout dépend du moment et du niveau où l'on se situe. Par exemple : vers l'âge de trente ans, j'ai acquis une certaine compréhension du sunya (de la sagesse), puis j'ai ressenti la possibilité d'atteindre le nirvana. Le renoncement s'est donc fait assez fort, je crois, mais à cette époque il m'était très difficile de penser à la bodhicitta.

Vers l'âge de quarante ans, j'ai étudié l'ouvrage de Shantideva, *La Guirlande de joyaux* de Nagarjuna, ainsi que d'autres œuvres, et j'ai pensé davantage à la bodhicitta. Bien entendu, je n'ai toujours pas fait la véritable expérience de la bodhicitta ou du sunya, mais je sens parfois que, si j'en ai le temps, je pourrais y parvenir. Avant, en fonction des expériences du moment, je trouvais cela très difficile. Mais, après un certain temps, je sens que ça ne l'est pas tant. Je ne sais pas. Il y a de nombreuses difficultés mais, comme je l'ai dit, il y a des possibilités de surmonter tous ces obstacles. En ma qualité de dalaï-lama, je dois aussi faire face à la situation du Tibet. C'est très difficile. En réalité, c'est en dehors de mon contrôle, non ? C'est vraiment très difficile…

Pour conclure, je dirai que ceux qui croient aux valeurs spirituelles, particulièrement au buddhadharma, doivent étudier. Appliquez ces valeurs à votre vie de tous les jours et essayez d'être un bon adepte du buddhadharma et de notre maître le Bouddha Shakyamuni. Nous devons être des élèves studieux. C'est très important. Voyez-vous, qu'on soit croyant ou non, qu'il y ait une raison à cela ou non, nous sommes nés sur cette terre. Tant que vous restez sur la planète, soyez sensibles, chaleureux. Si vous pouvez être utiles à autrui, allez-y. Sinon, il n'y a aucune raison de lui créer davantage de problèmes !

Développement personnel et pratique des six perfections

(Conférence tenue au Sir Shankerlal Hall de la Modern School, à New Delhi, 2002)

Nombreux sont ceux qui viennent m'entendre en pensant trouver auprès de moi un message ou une technique destinés à leur procurer la paix intérieure et une vie réussie.

D'autres se déplacent par pure curiosité. L'important, c'est de savoir que nous sommes tous pareils. Je n'ai rien d'extraordinaire ; je ne suis qu'un moine bouddhiste, un être humain. Nous détenons tous le potentiel de faire le bien et le mal. Nous avons tous le droit de mener une vie heureuse, de passer nos jours et nos nuits dans le bonheur.

J'aimerais vous entretenir de certains points essentiels. Vous le savez, la principale différence entre l'être humain et l'être non humain est, je crois, l'intelligence. Les sentiments de souffrance et de bonheur, le désir de paix et de plaisir, le souhait de surmonter la douleur sont communs à l'homme et à l'animal. Même les petits insectes les éprouvent. Nous avons en outre un plus grand pouvoir de mémoire, une plus large vision des choses. Nous faisons l'expérience physique du bien et du mal, comme d'autres animaux, mais notre intelligence nous procure d'autres sentiments. Nos souvenirs, nos visions et nos espoirs liés à un avenir lointain provoquent souvent en nous l'inquiétude et la peur, le doute et le souci, même quand tout va bien.

Nos souffrances et nos préoccupations mentales sont d'autant plus fortes que nous avons cette aptitude à envisager un avenir lointain, non seulement pour nous-mêmes et ceux qui appartiennent à notre génération, mais aussi pour nos enfants et nos petits-enfants, pour les générations et les siècles à venir. Parce que nous disposons d'une intelligence et d'une capacité de penser plus importantes que d'autres mammifères, nous sommes, plus qu'eux, susceptibles de faire l'expérience de la souffrance mentale. Celle-ci, comme l'inquiétude, est le fruit de l'intelligence et nous ne pouvons la faire disparaître qu'en usant de cette intelligence. Il n'y a pas d'autre solution. Même ceux qui possèdent d'immenses ressources matérielles souffrent et affrontent des difficultés, ce qui prouve que les biens ne peuvent rien contre les souffrances mentales dues à l'intelligence.

Un autre facteur a son importance. Il me semble que les expériences mentales sont supérieures aux expériences physiques. Si un individu souffre d'un problème physique dû à une maladie ou au dénuement, et s'il est heureux sur le plan mental, alors il peut vaincre la souffrance engendrée par son problème physique, il peut faire en sorte qu'elle ne le gêne pas trop. En revanche, si un individu est déstabilisé sur le plan mental, même un grand confort physique n'amoindrira pas, ne soulagera pas, sa souffrance ou ses tourments. Il importe que nous dirigions nos regards vers l'intérieur, au lieu de consacrer tous nos efforts à l'obtention d'une croissance matérielle. Nous ne devons pas négliger nos valeurs internes.

Aujourd'hui, dans de nombreuses parties du monde, l'homme traverse une crise de moralité. Dans les sciences et techniques, rien ne permet de démarquer le moral de l'immoral. Le matériel est matériel et l'argent est argent, voilà tout… Tant qu'un rapport n'est pas établi avec les expériences internes des êtres sensibles, il n'existe aucune base qui permette de distinguer le bien du mal. Le degré de plaisir ou de douleur que nous ressentons nous sert à juger de ce qui est bien ou mal. Si une chose nous procure du plaisir, nous avons l'habitude de la qualifier de bonne, car nous voulons tous le bonheur et le plaisir. Comme nous ne voulons pas la souffrance ou la douleur, nous jugeons mauvais tout ce qui nous apporte une gêne ou une souffrance. Quand nous évoquons le bien ou le mal, nous devons donc tracer une ligne de démarcation en fonction de nos sentiments. Nous ne pouvons parler de bien et de mal en fonction des objets matériels. Dans le monde actuel, nous n'accordons souvent d'importance qu'à eux. De ce point de vue, tout se justifie dès lors qu'on gagne plus d'argent ou qu'on accroît son pouvoir. On ne s'arrête pas aux autres questions et tout se fonde sur la satisfaction de l'avidité.

Les événements survenus à New York tout récemment, le 11 septembre, sont, bien entendu, tragiques. Un groupe d'individus a fait usage de son intelligence pour les programmer, sinon depuis plusieurs années, au moins depuis plusieurs mois. Des avions bourrés de carburant et de passagers leur ont servi d'explosifs. Non seulement une intelligence complexe, mais aussi une haine féroce étaient à l'œuvre. En fait, lorsqu'il est guidé ou contrôlé par une émotion négative, l'esprit complexe de l'homme provoque de véritables désastres. Les êtres humains amoraux se condamnent à rencontrer des difficultés. Par conséquent, quand nous parlons de l'observation de certaines disciplines morales, nous devons aussi parler de la façon dont nous guidons nos émotions.

Il y a peu, je me trouvais à Baroda, dans une institution de Swami Narayan. J'ai constaté que les moines du monastère respectaient une conduite morale, des vœux et une discipline d'une grande pureté, et qu'ils contribuaient à améliorer la condition de la société. Ce genre d'institution existe ailleurs. Il est extrêmement important de rassembler les énergies issues de ces structures et de ces individus. Selon monseigneur Tutu, diverses institutions et organisations doivent agir dans les domaines où l'on rencontre différents types de problèmes. D'une part, ceux-ci seront traités et, d'autre part, cet effort conjoint rapprochera les religions. Nous devons essayer de prôner l'harmonie entre les différentes traditions religieuses. Il importe que les adeptes de chaque tradition pratiquent avec sincérité et sérieux. Considérons les bouddhistes. Pour promouvoir les valeurs humaines, nous devons avant tout faire l'effort de nous améliorer. Ainsi, nous servirons d'exemple à autrui. Il nous faut penser, non à la conversion, mais à la façon dont nous pouvons intervenir par le biais de notre tradition.

Nous faisons tous partie de l'humanité. Chacun de nous est responsable de l'amélioration de l'espèce humaine. Chacun doit lui apporter un surcroît de bonheur pour la rendre plus pacifique, plus chaleureuse et plus compatissante. Si un individu pratique la compassion et le pardon avec sincérité et régularité, où qu'il vive, il suscitera une atmosphère positive. Voilà un moyen de contribuer à l'amélioration de l'humanité. En pratiquant sa tradition, il finira aussi par connaître des expériences internes d'un niveau supérieur et il reconnaîtra la valeur des autres traditions. Afin de prôner l'harmonie religieuse, nous devons donc analyser sérieusement notre propre religion et la mettre en œuvre autant que faire se peut.

Pour prendre votre foi au sérieux, vous devez l'exprimer dans votre quotidien. Si vous ne respectez votre tradition que par habitude, vous ne produirez guère d'impact sur la transformation de votre esprit. Certains Tibétains, par exemple, Ladhakis et Chinois – qui pratiquent le bouddhisme depuis des temps ancestraux – tiennent pour acquise l'intégration du bouddhisme à leur culture. Ils ne cultivent aucune sincérité vis-à-vis du message inhérent à l'enseignement du Bouddha. En revanche, quand ceux qui ne sont pas nés et n'ont pas grandi dans le bouddhisme s'y intéressent, ils intègrent l'enseignement du Bouddha avec enthousiasme. Leur sincérité saute aux yeux. Aussi est-il vital d'étudier sérieusement. Ce constat s'applique tout particulièrement au buddhadharma. En effet, pour transformer nos émotions et nous doter d'une foi, nous devons solliciter notre intelligence au maximum. Ce trait n'existe que dans le bouddhisme. C'est pourquoi les écrits des maîtres de Nalanda sont faits de raisonnements, de logique et d'argumentation, pourquoi ils soulèvent toutes sortes de questions, pourquoi ils proposent tant d'explications, de comparaisons et d'analyses.

La voie bouddhique qui permet la transformation de nos émotions ne passe donc pas par la prière ou la foi, mais par un usage maximal de notre intelligence et de notre raisonnement. Vous le savez, ce dernier comporte trois niveaux. Au premier niveau, il nous est difficile d'en user et nous devons recourir aux propos d'autrui. Mais, là encore, nous devons chercher à savoir si cette personne – y compris le Bouddha lui-même – est fiable ou non. Aussi l'étude est-elle absolument essentielle au pratiquant du bouddhisme.

Observez la disposition de ces thangkas : le Bouddha est placé à l'extrême nord, et le maître près de lui. On dirait qu'il débat avec le Bouddha ! Celui-ci nous donne la liberté de remettre ses propos en question. C'est très important. Sans question, nous n'obtenons pas la bonne réponse. Sans le scepticisme, le doute, l'investigation, nous ne trouvons pas non plus les réponses satisfaisantes. Dans la tradition bouddhique, on pousse l'intelligence à ses extrêmes et l'étude est fondamentale.

Venons-en au « développement personnel par la pratique des six perfections ». Précisons tout d'abord que le terme de « perfection » signifie « passage au-delà de ». L'au-delà dont il est ici question n'est autre que le lieu ou la voie de l'Éveil. Ce lieu, cette voie, sont un au-delà du lieu de notre existence sous une forme ordinaire. Dans ce contexte, les deux premières des quatre nobles vérités, à savoir la véritable souffrance et sa véritable origine, relèvent de l'ordinaire ; en revanche, les deux autres, à savoir la véritable voie et la véritable cessation, relèvent de cet au-delà. Le même terme renvoie aux véritables types d'Éveil : on est passé au-delà du cycle de l'existence samsarique. Il désigne l'extinction complète des émotions perturbatrices et de la souffrance, donc l'obtention de la libération. Mais il existe aussi une forme supérieure d'Éveil : la bouddhéité. C'est ce que nous entendrons lorsque nous mentionnerons l'au-delà.

En tibétain, Éveil se dit « djangtchoub », soit « intégration de l'ensemble des qualités positives nécessaires ». Considéré sous cet angle, le terme « Éveil » a deux sens : la voie qui mène à la bouddhéité et la bouddhéité elle-même, le moyen et le résultat. Différents érudits défendent deux points de vue quant à l'usage des mots « perfection » et « au-delà ».

Selon les uns, « perfection » peut s'employer en rapport avec le moyen et le résultat. Selon les autres, ce terme ne peut s'employer qu'en rapport avec le résultat. Mise en référence avec la voie de l'Éveil, la « perfection » est celle que l'on vise dans l'entraînement. Pourtant, même dans ce cas, toutes les voies ne sont pas celles de la perfection. Par exemple : la pratique du don, de la générosité, ne s'appelle pas « perfection ». Mais, quand cette pratique est influencée par celle de la méthode, la bodhicitta se développe. Lorsqu'elle est influencée par la sagesse qui comprend la vacuité, elle peut s'appeler « perfection », même au stade de l'apprentissage. Elle fait partie des pratiques du bodhisattva, mais est également respectée par les adeptes d'écoles non bouddhiques. Ne pas tuer, par exemple. Quand le refus de tuer correspond à une peur de la loi, il n'a rien à voir avec une pratique religieuse.

Toute action dépend d'une motivation. L'action peut être vertueuse ou non ; dans le premier cas, elle peut être cause de libération, de bouddhéité, ou non. Pour faire de sa pratique une pratique de perfection, il faut donc se fixer l'objectif de l'Éveil et souhaiter que la libération ainsi obtenue ne soit pas seulement celle de soi-même.

Quand on veut parvenir au grand Éveil, à la bouddhéité, on doit cultiver un chemin altruiste, fondé sur le souhait de parvenir à l'Éveil pour le bien de tous les êtres sensibles. Quantité d'actions destinées à apporter des bienfaits à autrui font partie de la motivation. Aussi est-il important de posséder ce trait de l'esprit qui entend aider tous les êtres souffrants pour parvenir à l'Éveil.

L'autre aspect du grand Éveil ou de la bouddhéité, c'est qu'il s'agit d'un état libéré de toute élaboration. Il peut se concevoir comme une privation des contaminations, des pollutions, de la souffrance et des émotions perturbatrices. Il est non seulement affranchi de ces éléments, mais aussi de certaines apparences dualistes. Quand on y parvient, on n'est plus enchaîné aux élaborations sous forme de dualité sujet-objet et d'apparences conventionnelles.

On est libre, non parce que la dualité sujet-objet ou les apparences conventionnelles sont éliminées en leur qualité d'émotions négatives, mais parce que ces élaborations cessent d'exister. Alors l'esprit d'Éveil, ou omniscience, est tel qu'il se fond totalement à la vacuité. Pour cet esprit, aucune élaboration n'existe. L'état d'Éveil prend deux aspects. Après l'avoir obtenu, on peut répondre spontanément et sans effort aux souhaits d'autrui. Cette capacité est due au fait que, dès le stade de l'entraînement, on a cultivé la motivation altruiste consistant à parvenir à l'Éveil pour le bien de tous les êtres sensibles.

L'autre aspect de l'état d'Éveil, c'est qu'il s'atteint grâce à l'accroissement de la sagesse qui comprend la vacuité. L'omniscience est le fruit de causes et de facteurs. C'est un phénomène conditionné. Aussi relève-t-elle du champ d'application de la loi de la causalité. Ce système de méthode et de résultat se situe donc dans le contexte de la production interdépendante. Chaque souffrance que nous rencontrons a ses causes et ses conditions. De même, chaque bonheur que nous ressentons dépend de ses causes et de ses conditions.

La forme supérieure du bonheur, l'Éveil, est elle aussi engendrée par des causes et des conditions. Tout advient donc dans le contexte de la causalité. Un résultat particulier se manifeste parce qu'il a dépendu de causes et de conditions capables de le produire. C'est pourquoi un soutra fait dire au Bouddha que les semences sucrées donnent des produits et des fruits sucrés, et que, inversement, des semences amères donnent des produits et des fruits amers. Les sublimes qualités perceptibles dans la bouddhéité ou l'Éveil doivent donc venir de nos potentialités. En leur absence, il nous est impossible d'atteindre la bouddhéité ou d'engendrer les qualités du bouddha.

En état d'Éveil, nous possédons deux corps de bouddha, connus sous le nom de rupakaya et de dharmakaya, respectivement « corps de forme » et « corps de vérité ». Le premier est celui qui se manifeste spontanément et sans effort devant les êtres sensibles pour leur venir en aide. Le second, comme nous l'avons expliqué, correspond à un état libéré de tous types d'élaborations. Le corps de forme est dû à l'accroissement et à la pratique de la bodhicitta ; le corps de vérité, quant à lui, est dû à la sagesse qui comprend la vacuité.

Nous pouvons simplifier les définitions de la sagesse, qui comprend la vacuité, et de la bodhicitta en disant que la première est la forme suprême de l'intelligence, l'aboutissement de sa progression, et que la seconde est la forme suprême de l'émotion. Nous savons que leurs fondements existent en nous. Nous détenons des émotions, une capacité de jugement et une intelligence. C'est pourquoi nous regroupons les enseignements du Bouddha en fonction de trois grands points. Premièrement, la présentation des qualités fondamentales reliées à la loi de la nature. À ce stade du chemin, nous recourons aux pratiques qui se conforment à la loi de la nature. Grâce à elles, nous produisons un résultat qui prend la forme de l'Éveil, lui aussi conforme au chemin.

Le terme « perfection » s'applique donc aux pratiques de la phase d'entraînement qui subissent l'influence de la bodhicitta et de la sagesse qui comprend la vacuité.

Celle-ci peut appartenir à deux catégories. Il s'agit, soit de la capacité de voir la vacuité grâce à une sorte d'image générique ; soit de la percevoir, de la discerner directement, sans qu'elle passe par un médium ou une image générique. Quand nous évoquons les pratiques influencées par la sagesse et la méthode, nous pensons aux sagesses qui discernent directement la vacuité. De même, quand nous évoquons le besoin d'accroître la bodhicitta, l'esprit qui chérit le bien des autres êtres sensibles, nous constatons qu'il est possible d'y parvenir, car nous nous chérissons nous-mêmes. Si nous pouvons susciter son émergence, c'est que nous nous sentons proches de nous-mêmes. Nous ressentons une sorte d'amour de nous-mêmes sur lequel l'attitude consistant à se chérir soi-même peut se construire.

De même, si vous renforcez votre sentiment de proximité avec autrui, vous pouvez l'utiliser pour accentuer le souhait de chérir le bien des autres êtres sensibles. Il faut qu'il y ait d'abord une sorte d'amour de soi, une affection dirigée vers soi, car faute de pouvoir s'apprécier, il est impossible ou difficile d'engendrer l'esprit qui chérit le bien des autres êtres sensibles. Fondamentalement, nous nous sentons tous proches de nous-mêmes. Même si, en apparence, nous nous haïssons, une sorte d'affection est enfouie au plus profond de nous-mêmes.

Parce qu'on se chérit soi-même, on peut graduellement étendre cette attitude à autrui. Les animaux font preuve d'un altruisme limité, notamment ceux dont les petits dépendent d'eux pendant un temps. Naturellement, il faut qu'un lien d'amour existe. Ce sentiment naturel vient d'une nécessité biologique. La structure, la formation du corps sont telles qu'on est obligé de dépendre de l'amour. Pour survivre, nous devons nous soucier les uns des autres. Nous abritons en nous la semence de l'amour ou de la compassion envers autrui, car nous éprouvons de l'affection envers nous-mêmes. Le germe est là.

Une question se pose alors : comment parvenir à un altruisme infini ? Par la sagesse et l'intelligence, semble-t-il. En temps normal, quand nous parlons de la culture de l'amour et de la compassion envers autrui, nous sentons qu'elle sera source de bienfaits et d'aide pour l'autre, mais pas pour nous-mêmes, qu'elle manquera de pertinence pour nous-mêmes. C'est là un point de vue erroné. Quand vous renforcez l'amour et la compassion envers autrui, votre mental ressent un plaisir et un courage profonds. En conséquence, vous-mêmes, les pratiquants, vous en retirez des bienfaits. Vous avez moins peur. Vous avez davantage de volonté et de confiance en vous. Automatiquement, vous êtes plus calmes. Jusqu'où votre expression de l'amour et de la compassion sera-t-elle source de bienfaits pour les autres êtres sensibles ? Tout dépend de leur attitude et de leur réceptivité. De toute évidence, le Bouddha et ses disciples ont éprouvé un altruisme infini, une compassion illimitée et un amour d'une grande force. Mais, dans la pratique, nous ne pouvons être sûrs que notre compassion sera source de bienfaits pour autrui. Parfois, quand nous essayons de sourire à quelqu'un ou de lui témoigner une véritable affection, la personne en question se méfie ! Mais dès lors qu'il adopte une attitude altruiste, le pratiquant en retire d'immenses bienfaits.

Il est faux de croire que la pratique de la compassion n'est bénéfique qu'à autrui. Je sens que, lorsqu'on pratique la bienveillance envers autrui, c'est soi-même qui, au bout du compte, en retire le plus de bienfaits. Pour plaisanter, je dis parfois à mes auditeurs : « Oh, ces bodhisattvas, quels égoïstes ! Ils ne pensent qu'aux autres ! » Selon moi, nombre de nos difficultés sont dues à nos projections mentales. Comme le remarque Lama Tsongkhapa, on peut se sentir paisible, heureux, si l'attitude mentale est bonne, même dans un milieu hostile.

Quand on évoque la pratique des perfections, notamment des six perfections, et qu'on tente de découvrir la pertinence de ces pratiques personnelles envers autrui, on découvre ce qu'on appelle la « pratique des quatre voies permettant de recueillir les disciplines destinées à la maturation de l'esprit ». Celle-ci est directement liée à l'aide d'autrui. Mais, si nous étudions les pratiques comme la concentration ou l'obtention de la sagesse qui comprend la vacuité, nous nous apercevons que ce sont des méditations et des techniques destinées à renforcer notre sagesse et notre accomplissement.

La pratique de la moralité est une sorte de méthode d'autopurification. Donner ne signifie pas éliminer la pauvreté par le don, mais se doter d'un état mental dans lequel on est toujours prêt à offrir son corps, ses richesses et ses plaisirs quand les autres en ont besoin. Cela ne veut absolument pas dire que nous pouvons régler le problème du dénuement. La pratique du don et de la générosité a pour but de renforcer en nous le souhait de donner à autrui. Ce faisant, nous nous améliorons, nous accentuons notre courage et notre détermination à nous mettre au service d'autrui.

On distingue trois niveaux de dons, déterminés en fonction de leurs qualités. Le premier est le « don de biens matériels » ; le deuxième le « don de l'absence de peur », c'est-à-dire la protection d'autrui vis-à-vis de la souffrance et de la crainte ; et le troisième le « don de l'enseignement du Dharma ». Le premier don se divise en deux types. L'un est l'offrande de biens matériels externes, et l'autre l'offrande de biens physiques internes, comme un œil, un membre, etc. Lorsqu'il s'agit de mettre en œuvre la pratique du don, que celui-ci appartienne au premier ou au deuxième de ces types, il importe de savoir s'il intervient au bon moment.

Il nous faut soigneusement étudier l'objet ou la personne à qui nous allons faire ce don, l'époque où celui-ci va avoir lieu, notre motivation et l'objet qui va être donné. Il n'est pas permis d'offrir du poison ou des armes, par exemple.

En règle générale, il est jugé convenable d'offrir des remèdes. Mais, dans certaines circonstances, face à certaines personnes, donner des remèdes peut se révéler plus nocif qu'utile. On déconseille alors cette pratique. D'ordinaire, il est approprié d'offrir des aliments. Mais il est inconvenant de donner des aliments à une personne qui jeûne. C'est pourquoi, lorsqu'on se consacre à la pratique du don et de la générosité, il importe d'analyser la situation dans son ensemble.

Pour ce qui est de la pratique de la moralité, tout particulièrement dans le contexte de la pratique du bodhisattva, on distingue trois catégories. La première est la « moralité qui empêche de s'engager dans des actions négatives » ; la deuxième, la « moralité qui recueille les qualités vertueuses » ; et la troisième la « moralité qui consiste à répondre aux attentes des êtres sensibles ». Toutes trois sont liées. Pour engendrer la troisième, il faut avoir engendré la deuxième. Tant qu'on ne s'est pas doté des qualités vertueuses nécessaires, on ne peut venir en aide à autrui. De même, pour engendrer la deuxième, il faut avoir réalisé la première. Tant qu'on n'a pas éliminé ou évité les émotions perturbatrices, on ne peut engendrer les qualités vertueuses.

Pour ce qui est de la pratique de la patience, on distingue trois catégories. La première est la «patience qui permet de supporter les difficultés et les souffrances»; la deuxième, la «patience qui permet d'accueillir volontairement les difficultés et les souffrances»; et la troisième, la «patience qui consiste à engendrer un constat des pratiques du Dharma», c'est-à-dire la méditation sur la vacuité.

La perfection de l'effort et de la concentration se divise en plusieurs catégories, mais je les ai oubliées! Dans le cas de la concentration, un niveau est relié à la pratique de la vérité conventionnelle et un autre à la pratique de la vue de la vacuité.

Pour ce qui est de la sagesse, on peut dire qu'il en existe deux sortes: la première est la «sagesse qui comprend les phénomènes conventionnels», et la seconde la «sagesse qui comprend la réalité et la vérité ultimes». La méditation qui demeure dans le calme ou la vision intérieure particulière se distingue, non en fonction de l'objet – vérité conventionnelle ou vérité ultime –, mais selon le mode de concentration de l'esprit sur l'objet.

Nous en avons fini avec les six perfections. Leur pratique peut se réduire à celle de la méthode (pour accumuler des mérites) et de la sagesse (pour se doter de sagesse). Si ce raccourci est possible, c'est qu'on range la pratique de la concentration et de la sagesse dans la recherche de la sagesse, et la pratique du don, le respect de la moralité ainsi qu'une partie de la pratique de la patience dans l'accumulation de mérites. Pour ce qui est de la pratique de l'effort, elle est comprise en partie dans l'accumulation de mérites et en partie dans la recherche de la sagesse.

L'effort doit porter aussi bien sur l'accumulation des mérites que sur la recherche de la sagesse. Les pratiques qui se fixent cet objectif sont les deux principales causes de réalisation du corps de forme et du corps de vérité du bouddha. La division de la Voie en méthode et en sagesse est liée à la réalité fondamentale de l'objet, car on distingue deux catégories dans la loi de la nature : les phénomènes conventionnels et leur réalité ultime. On parle de vérité conventionnelle et de vérité ultime. Pour bien les comprendre, il importe de saisir la disparité qui existe entre les apparences et la réalité.

Il y a d'un côté divers types d'apparences et de l'autre une réalité différente de ces apparences. Quand on entreprend un apprentissage, quel qu'il soit, je pense qu'on s'efforce d'amenuiser la disparité, la distance, la faille qui sépare les apparences de la réalité.

Nous tentons d'appréhender la réalité par l'éducation, notamment par les forces analytiques, y compris les expériences. Les apparences nous laissent insatisfaits. L'éducation et l'investigation nous aident à réduire l'écart qui se manifeste entre elles et la réalité. Le concept des deux vérités est extrêmement utile à qui veut resserrer cet écart. Une prise de conscience de la réalité permet d'atténuer quantité d'émotions négatives, car elles se fondent sur les apparences. C'est pourquoi le concept de shunya est d'une grande pertinence dans nos expériences quotidiennes. Toutefois, si ces idées en restent au niveau intellectuel, comme de simples informations, elles ne produiront que peu d'effets.

Votre Sainteté, quelqu'un a demandé d'où provenait le terrorisme. La contre-violence peut-elle maîtriser les actions terroristes ? Quel rôle la compassion joue-t-elle dans ce monde de terreur qui a produit un violent conflit de civilisations ?

Je suis sûr que la haine, le manque de vision et l'étroitesse d'esprit sont les racines du terrorisme. Selon moi, la contre-action doit relever de deux niveaux : l'immédiateté et le long terme. Je crois donc que tous les dirigeants et tous les peuples concernés doivent s'efforcer de trouver les moyens de traiter cette situation par la non-violence. C'est mon souhait, l'objet de ma prière. Sinon, je n'ai aucune idée sur ce qu'on peut faire, car les états mentaux, les émotions, échapperont à tout contrôle. À long terme, je pense que notre monde, notre société, doivent gagner en compassion. Quand surviendront les désaccords et les conflits, nous rechercherons des solutions et des résolutions pacifiques par le biais du dialogue. Je crois que nous pouvons y parvenir. Bien entendu, ce n'est pas facile. Mais, d'après moi, c'est possible.

On dit que, en règle générale, les Occidentaux ne progressent pas aussi vite que les Tibétains sur la voie du Vajrayana. Êtes-vous d'accord avec ce constat ? Si oui, pourquoi ?

Dans la société tibétaine également, même si quantité de personnes pratiquent le tantra, seul un petit nombre d'entre elles parvient à l'accomplissement décrit dans les textes tantriques. Comme je l'ai déjà précisé, le manque de sérieux explique en partie cette situation. On récite certaines prières et on pratique de manière automatique. Bien sûr, il s'agit là de ma perception. C'est pourquoi je ne crois pas qu'il y ait une grande différence entre les Occidentaux et les Orientaux. Ils sont pareils.

Quelle est l'importance du choix de la méthode qui va nous mener à un niveau plus élevé d'accomplissement spirituel ?

Il est d'une extrême importance. Si vous pouvez suivre une méthode et choisir un chemin qui s'accordent à votre disposition mentale, la progression sera plus forte. La pratique tantrique ou vajrayanique relève du Mahayana. Elle est donc influencée par l'accroissement de la bodhicitta et de la sagesse qui discerne la vacuité. En l'absence de ces deux éléments, il est impossible d'adopter une pratique tantrique. Certains ont l'impression que le Hinayana, le Mahayana et le Vajrayana sont différents yanas, ou « véhicules », et qu'ils sont indépendants les uns des autres. C'est inexact.

On doit prendre conscience du fait que, dans le Bodhisattvayana, également appelé « Mahayana », la pratique repose sur l'enseignement des quatre nobles vérités et de l'octuple voie. C'est sur lui que se fonde la pratique du bodhisattva. En l'absence de ces pratiques fondamentales, enseignées dans la tradition du Hinayana et du Theravada, il est donc impossible de construire les pratiques du Mahayana. En l'absence des pratiques du Mahayanasutrayana, il est impossible d'adopter la pratique du Mahayana tantrique. Les pratiques spirituelles du niveau le plus élevé reposent sur les précédentes.

Les hindous parlent de Brahma, le dieu impersonnel situé au-delà de tous les attributs et de toutes les descriptions. S'éveiller, c'est faire un avec Brahma. Bien que les bouddhistes ne reconnaissent pas de dieu, ne pourrait-on définir la nature de bouddha comme l'équivalent bouddhique de Brahma ?

Si vous essayez, vous pouvez l'interpréter ainsi jusqu'à un certain point. Dans la tradition chrétienne, la Trinité est, dit-on parfois, pareille au concept bouddhique de Bouddha, de Dharma et de Sangha, ou aux trois kayas, le dharmakaya, le samboghakaya et le nirmanakaya. On peut reconnaître certaines similarités. Cela n'a pas d'importance.

Si la libération est, elle aussi, le fruit de la causalité, comment le mal peut-il se transformer en bien ?

Le mal peut se transformer en bien car nous pouvons mettre fin à la continuité des mauvaises actions. Je pense ici à l'être sensible doté du sentiment ou du pouvoir cognitif qui sont sans commencement, toujours présents, selon le point de vue philosophique du Bodhisattvayana, et plus particulièrement du Madhyamika. L'esprit subtil est sans commencement. Dans ses *Grandes Étapes tantriques de la voie*, Lama Tsongkhapa cite un tantra explicatif, le « Vajra Shekhara », selon lequel l'existence cyclique est un continuum de tantras, et le nirvana le tantra suivant. L'existence cyclique et le nirvana doivent être mis en rapport avec le continuum de tantras, c'est-à-dire avec la continuité de l'esprit. Tant que celle-ci existe, et tant que les émotions impures ou perturbatrices demeurent, on est dans le samsara. Quand toutes les émotions négatives ou perturbatrices sont éliminées par leurs antidotes, on dit que l'esprit est parvenu à l'état de nirvana.

Le nirvana est inconditionné, indépendant de causes et de conditions. Du point de vue philosophique du Madhyamika prasangika, le système de

Nagarjuna et de Chandrakirti, le terme « nirvana » renvoie à l'état, à la réalité ultimes de l'esprit, au stade où celui-ci est totalement purifié des émotions perturbatrices.

Je suis très mécontent de voir mes proches heureux. Je sais que c'est mal, mais comment surmonter ce travers ?

Aimez-vous avoir des amis ou non ? Il me semble que la plupart des gens adorent avoir des amis. Si vous avez des amis, de véritables amis, avec lesquels vous pouvez échanger des sourires et diverses expériences en confiance, vous vous sentez bien plus heureux, bien plus calme. Si vous vous méfiez de tout le monde, vous vous sentez seul et plongé dans l'insécurité. Il y a au moins une chance qu'un proche devienne votre ami. N'est-ce pas mieux d'avoir un proche qui est un ami plutôt qu'un proche qui est un ennemi ? Le fait qu'un être devienne votre ami ou votre ennemi dépend de votre attitude mentale. D'abord, vous devez tendre la main et témoigner votre amitié. Alors, il y a une chance que les attitudes changent. Si vous restez négatif envers un être, vous ne pouvez faire de lui un ami.

Ce qui fait les amis, les véritables amis, ce n'est pas le pouvoir ou l'argent, mais le cœur. Quand on obtient la richesse, le pouvoir politique ou la célébrité, on peut trouver des amis de toutes sortes, mais ce ne sont pas nécessairement de vrais amis. Un véritable ami vous traite comme un autre être humain, un frère ou une sœur, et il vous témoigne son affection sans se soucier de votre richesse, de votre pauvreté, de votre statut élevé, de votre statut bas. C'est ça, un véritable ami.

D'après Votre Sainteté, il faut aider ceux qui souffrent. Dans ce contexte, que pensez-vous de l'euthanasie ou de l'augmentation d'un dosage de morphine lorsqu'une personne est mourante ?

En règle générale, il est bien mieux de ne pas pratiquer l'euthanasie, mais il peut y avoir des exceptions.

Quelle attitude les apprentis doivent-ils adopter vis-à-vis de l'acquisition du savoir ?

Je n'en sais rien. Vous devez prendre l'initiative et faire un effort.

En règle générale, l'acquisition du savoir passe par trois étapes : l'écoute, la réflexion et la méditation. Le savoir qui provient de l'écoute seule est très superficiel. On doit penser par soi-même et, si possible, faire ses expériences, pousser l'investigation plus avant, analyser plus en détail. C'est ainsi qu'on parvient à une prise de conscience plus profonde. Alors le savoir est plus sain et il peut enfin se traduire en action. Si un bouddhiste, et notamment un bouddhiste tibétain, me posait cette question, j'ajouterais qu'il doit réciter le mantra de Manjushri *Om arapacana dhi* pour venir en aide à son intelligence. Depuis l'enfance, je le psalmodie. Je ne sais pas si ça m'aide vraiment, mais il est certain que ça ne me fait pas de mal.

Peut-on envisager une religion mondiale, destinée à tous les peuples de la terre ?

Non. Je crois qu'une religion mondiale serait faite de cœurs chaleureux, d'affection, de bienveillance et d'esprits altruistes. Ça, ce serait une religion mondiale ! Mais je vois les différentes traditions subsister. Elles sont utiles à tellement d'individus différents ! Une seule religion… Je ne pense pas qu'il y aurait beaucoup de bienfaits à en retirer.

La théorie du karma est-elle valide ? Tout ce qui arrive est-il prédéterminé ?

Le mot « karma » n'a pas le sens de « prédétermination ». On peut modifier le cours de son expérience en se fondant sur différents niveaux d'action. Voici un exemple tiré de la vie quotidienne : le matin, vous prévoyez quelque chose, vous voulez accomplir une action précise, peut-être réaliser un projet qui date de la semaine précédente, mais une urgence se présente et tout change. Si une action plus pressante s'impose, le résultat est différent, bien que celui d'une action précise soit programmé.

Pourquoi y a-t-il tant de jeunes gens qui souffrent de problèmes cardiaques ?

Parce qu'ils sont tendus, je crois. Parce qu'ils ont moins de force intérieure, trop d'attentes vis-à-vis de l'extérieur et trop d'ambition. Peut-être parce qu'ils ont des problèmes de comportement, ils se droguent, ils boivent de l'alcool… Mieux vaut demander à un médecin !

Votre Sainteté, beaucoup de gens font preuve de possessivité à votre égard. Comment gérez-vous cela ?

Vous pouvez bien devenir possessif… Pour moi, ça ne fait guère de différence.

Je suis assis là, voilà tout.

Mais Votre Sainteté, c'est un problème pour les autres !

Si c'est un problème, qu'ils arrêtent de se montrer possessifs ! On m'a posé la même question en Allemagne et j'ai répondu que je me considérais comme étant composé d'éléments : l'air, la terre, l'eau et le feu. Si les autres retirent des bienfaits de moi, quelle que soit la façon dont ils s'y prennent, grand bien leur fasse !

Comment cultiver l'équanimité

(Conférence tenue au Talkatora Indoor Stadium, à New Delhi, en 2003)

Le temps ne nous attend pas. Jamais il ne s'arrête. Il est sans cesse en mouvement. Quand je repense aux deux dernières décennies, en ma double qualité de moine et de pratiquant bouddhiste, je sens que j'ai accompli très peu de progrès spirituels. Mais à mieux y regarder, je m'aperçois qu'en me familiarisant toujours plus avec l'altruisme, grâce à la sagesse et à la méditation analytique sur le shunyata, j'ai connu certains changements, certaines améliorations. Un progrès spirituel, même infime, est toujours un progrès. Je crois qu'il est source d'immenses bienfaits dans l'entretien de la paix de l'esprit, qui produit un impact positif sur la santé. Tout progrès spirituel est donc utile.

La fête du Dharma n'est pas qu'une réunion mondaine. Elle nous rappelle que la spiritualité tient une part importante dans la vie de l'homme. La définition du mot sanskrit « dharma » est très large. Dans l'expression « fête du Dharma », il s'agit du buddhadharma. Ce concept se caractérise essentiellement par un usage maximal de l'intelligence humaine, qui nous permet d'emprunter la voie de la transformation de nos émotions. C'est un élément qui n'existe nulle part ailleurs.

Toutes les grandes religions visent la transformation de nos émotions, car celles-ci jouent un rôle crucial dans notre vie. Les expériences négatives et douloureuses affectent nos émotions. Les transformer, c'est conserver les émotions positives ou, dans certains cas, les renforcer et affaiblir les émotions négatives. Comme je l'ai déjà expliqué, je pense que toutes les grandes traditions religieuses se préoccupent de la transformation des émotions. Mais les méthodes qu'elles préconisent diffèrent. Bien souvent, c'est principalement la foi, un moyen puissant, qui permet d'y parvenir.

La foi profonde qu'on porte à Dieu, à Allah, au Seigneur Krishna, à Shiva ou à Jésus-Christ peut sans aucun doute se répercuter sur les émotions. Après tout, ces grands maîtres délivrent le même message d'amour, de compassion, de pardon, de tolérance, de discipline et de contentement. Ce sont les fondements de ces traditions. Mais les bouddhistes ne se bornent pas à faire acte de foi envers Bouddha. Ils mènent une investigation à son sujet. Comment ? Le Bouddha historique n'est plus. Le seul moyen consiste donc à analyser ses enseignements et à s'informer auprès de ses adeptes. Si nous observons leur pensée et leur comportement en détail, nous pouvons y déceler l'impact des enseignements du Bouddha. De plus, en étudiant ces enseignements et en essayant de les reproduire dans nos expériences, nous parvenons à nous doter d'une conviction issue, non de la foi, mais de notre investigation, de l'usage de notre intelligence.

La sagesse n'est pas un simple savoir, mais un savoir qui passe d'abord par l'écoute, puis par l'analyse du sens à l'aide de la raison, et enfin par l'établissement d'un lien avec l'expérience. La conviction est le fruit de ce processus. L'altruisme fait partie de toutes les traditions, mais l'alliance d'altruisme, de sagesse et d'intelligence ne se rencontre que dans le buddhadharma. Je ne dis pas que le buddhadharma est le meilleur dharma. Il est difficile de le savoir. C'est comme en cuisine… On ne peut pas dire qu'une cuisine soit meilleure que les autres. Tout dépend des états physiques et des goûts des individus qui l'apprécient. Pour certains, les épices indiennes sont très fortes, voire trop fortes. Pour d'autres, elles sont délicieuses. Si l'on veut juger de ce qui est le mieux, on doit tenir compte du contexte. De même, me semble-t-il, si l'on veut affirmer la supériorité d'une religion, on doit se fonder sur les bienfaits que chaque pratiquant en retire.

En ce qui concerne l'aspect religieux, je crois donc que toutes les traditions sont plus ou moins les mêmes. Toutes se préoccupent du bonheur et de la bonté de l'homme. Tous les enseignements religieux s'efforcent de prôner ou de renforcer les valeurs humaines positives. Mais la philosophie est également une facette essentielle des traditions religieuses. Et, là, on découvre des différences considérables… Le buddhadharma, et surtout la tradition de Nalanda, est d'une complexité et d'une subtilité extrêmes. Selon moi, l'arrière-plan philosophique du bouddhisme est très riche. Au sein du buddhadharma, les traditions philosophiques palie et sanskrite sont les plus sophistiquées.

Il me semble que la meilleure présentation du buddhadharma tibétain passe par la tradition de Nalanda, car on en connaît tous les grands textes. Par exemple : à six ou sept ans, j'ai commencé – avec de grandes réticences – à apprendre ces écrits par cœur. Quand on étudie les grands textes des maîtres de Nalanda, dont Nagarjuna, Arya Asanga, Chandrakirti, etc., dans leur ensemble, comme pour survoler d'un seul coup le buddhadharma, on s'aperçoit que la tradition de Nalanda a beaucoup apporté à la philosophie du buddhadharma. La facette rituelle, dans laquelle les Tibétains jouent des cymbales et soufflent dans de longues trompes, n'est pas issue de Nalanda. Certains de ces instruments cérémoniels proviennent, je crois, d'Afghanistan et de Chine.

Mais revenons-en à notre sujet. Par l'usage maximal de notre intelligence et par la compassion, nous pouvons nous doter d'une conviction qui suscite l'enthousiasme, lequel suscite à son tour un travail acharné. Nous nous habituons aux pratiques vertueuses, ce qui produit un grand impact sur notre monde émotionnel. Telle est la voie du bouddhisme. Quand on me demande quelle est la meilleure voie, la voie la plus facile, j'ai toujours peine à répondre. Ces questions procèdent souvent d'un manque de courage ou d'une certaine paresse. Elles se justifient, par exemple, en cuisine. Dans ce cas, on peut vouloir connaître la voie la plus facile ou la plus économique. Mais, pour ce qui est de la transformation de nos émotions, ces questions manquent de pertinence. Prenez le Bouddha Shakyamuni, notre maître. Il est dit qu'il a pratiqué trois éternités durant pour parvenir à l'Éveil. Nos maîtres de Nalanda, des siddhas comme Tilopa et Naropa, ainsi que les maîtres tibétains, comme Milarepa et Tsongkhapa, ont passé maintes années dans des régions isolées, à supporter d'innombrables difficultés pour transformer leurs émotions.

Les émotions que nous ressentons aujourd'hui et que nous voulons transformer existaient déjà il y a deux mille ou trois mille ans. Si nous les comparons à celles qui existaient il y a plusieurs centaines de milliers d'années ou un million d'années, nous y remarquerons certaines différences, car notre intelligence s'est accrue. À l'avenir, si nous survivons encore quelques centaines de milliers d'années, peut-être seront-elles différentes. Nous pouvons modifier notre état d'esprit ou nos émotions si nous usons de notre intelligence et si nous sommes guidés par des gens comme Nagarjuna et Shantideva. Si l'accroissement de l'esprit altruiste est notre objectif, je crois que le livre de Shantideva est le meilleur. Pour comprendre la réalité ultime, le *Madhyamakamulakarika* de Nagarjuna fait partie des meilleurs, tout comme le *Madhyamakavatara* de Chandrakirti.

En règle générale, dans le monde actuel, notre acceptation d'autrui s'améliore. En tant qu'individu croyant aux valeurs religieuses et spirituelles, je pense que l'harmonie et l'unité sont essentielles. Ces valeurs se manifesteront si nous nous respectons les uns les autres. Le véritable respect se fera sentir si nous entretenons plus de contacts les uns avec les autres et si nous parvenons à comprendre nos valeurs respectives. Nous devons accroître l'admiration et l'appréciation que nous vouons à autrui. Depuis plusieurs siècles, toutes les traditions religieuses ont apporté une immense contribution à l'accroissement des valeurs humaines et de la paix de l'esprit. Elles ont donné espoir à des millions de personnes, elles les ont inspirées. C'est bien assez pour susciter notre admiration.

Et, pourtant, comme je l'ai indiqué, nous observons toujours l'existence de problèmes entre peuples de différentes religions. Les événements tragiques survenus ces deux dernières années en Amérique et ici même démontrent que nous avons besoin de fournir un effort soutenu pour relever de nouveaux défis. Nous ne pouvons imputer ce qui se passe dans le monde à un individu. Selon moi, c'est toute notre société qui est responsable. C'est elle qui produit les dirigeants, les hommes politiques. Si nous essayons de la rendre plus compatissante et plus affectueuse, les êtres humains auront une nature plus pacifique. Les dirigeants, les hommes politiques et les hommes d'affaires issus de cette société nous donneront l'espoir d'un monde meilleur. Notre responsabilité à long terme – celle de chacun, croyant ou non – consiste à trouver les moyens de promouvoir une société pacifique et compatissante.

Je crois qu'il existe un moyen très simple. Chaque individu doit s'efforcer d'assurer la paix et la compassion au sein de sa famille. Prenez dix ou cent foyers pacifiques et compatissants, vous aurez tout un village. Les enfants nés dans cette société recevront de l'affection chez eux, de leurs parents, et à l'école, de leurs enseignants. Nous rencontrerons peut-être deux ou trois obstacles, mais je crois que nous pourrons créer une société sensible, c'est-à-dire solidaire, responsable et engagée.

Et maintenant, quelques mots sur l'équanimité… Ce sont avant tout les émotions perturbatrices, comme la haine et l'attachement, qui déstabilisent notre esprit. La pratique de l'équanimité est l'un des antidotes qui permettent de calmer et d'atténuer ces émotions. Nous ne parlons pas ici de l'équanimité qui se traduit par une absence de sentiment ou une indifférence, mais d'une sensibilité aux expériences du positif et du négatif, d'une capacité de distinguer le bien du mal. On doit adopter un mode de vie dans lequel on chérit les valeurs positives et l'on essaie d'éviter les valeurs négatives. L'équanimité dont il est ici question, c'est l'apaisement de l'attachement et de la haine.

Je pense que l'équanimité peut être pratiquée par ceux qui possèdent un point de vue religieux et par ceux qui n'adhèrent à aucune religion précise. Il en est de même pour la culture des qualités positives comme l'amour et la compassion, qui peuvent se fonder sur le raisonnement et la compréhension d'une tradition religieuse particulière, ou croître sans fondement religieux. Le pratiquant peut cultiver la bonté et la compassion en pensant parvenir à l'Éveil, car le Bouddha a enseigné cette voie. Par ailleurs, un individu peut cultiver ces mêmes qualités en pensant que ce geste lui vaudra la paix mentale, le bien-être physique et l'harmonie avec les siens.

Pour accroître l'équanimité, on doit comprendre que les émotions négatives comme la haine et l'attachement sont inadéquates et malsaines, car elles sont faussées et partiales. Quand l'esprit est partial, on ne voit pas la réalité et l'on n'est pas objectif. Le comprendre permet de renforcer l'équanimité. Bon nombre de difficultés auxquelles nous sommes confrontés viennent du fait que nous ne voyons pas clairement la réalité.

L'attitude mentale faussée, la partialité représentent des freins, font obstruction à la compréhension de la réalité. Par exemple : la réalité, c'est que les choses sont dépendantes de causes et de facteurs multiples ; elles sont interconnectées, interdépendantes et interreliées. Quand nous sommes incapables de voir cette réalité, les problèmes surgissent. En effet, nous avons tendance à choisir un seul facteur – l'expérience du bonheur ou celle des problèmes –, que nous tentons d'utiliser pour expliquer une situation complexe. Nous n'isolons souvent qu'un élément sur lequel nous nous focalisons. Voilà pourquoi nous ne pouvons répondre à bien des questions auxquelles nous sommes confrontés. En fait, au lieu de régler les difficultés, nous en créons parfois.

Pour traiter un problème avec efficacité, il importe de nous préparer mentalement à comprendre la réalité d'une situation et à envisager les faits de façon objective. La partialité de l'esprit, son état faussé, est l'un des principaux facteurs qui nous en empêchent. Vous comprenez qu'il est extrêmement important de pratiquer l'équanimité. Il faut aussi du bon sens pour gérer les situations difficiles. Lorsque nous y sommes confrontés, lorsque nous essayons de régler les problèmes qui leur sont inhérents, nous devons impérativement adopter une attitude holistique, et non faire preuve d'étroitesse d'esprit. Cette attitude holistique est importante, notamment dans le monde actuel. Quand on ne pense qu'aux intérêts de sa famille en oubliant les autres, quand on ne pense qu'aux intérêts de sa nation en oubliant les autres, il est impossible de parvenir à une paix et un bonheur durables. Si on laisse les émotions perturbatrices contrôler l'esprit, celui-ci devient faussé et partial. Il est déséquilibré, incomplet, et l'on ne peut adopter aucune approche holistique.

Nous constatons que ceux qui acceptent une tradition religieuse se divisent en deux catégories : les uns croient en un créateur et les autres – dont les bouddhistes, les jaïns et les adeptes d'une partie de la tradition Samkhya – parlent d'autocréation. Un individu qui accepte le créateur, Dieu, a de multiples occasions de faire croître son sens de l'équanimité. Quand on comprend que tout est créé par Dieu, on considère toutes les créatures comme issues d'une ultime source. Cette vision est particulièrement utile lorsque l'on a affaire à un fauteur de troubles ou à un ennemi. En temps normal, nous qualifions une personne ou un groupe d'« ennemis » quand ils nous créent des problèmes dans des circonstances particulières. Mais, si nous adoptons une perspective plus vaste pour considérer cette personne ou ce groupe, si nous prenons conscience du fait qu'ils font partie de l'humanité et de la création divine, alors notre sentiment négatif diminue, ce qui peut nous aider à renforcer notre équanimité.

Je me demande parfois si les religieux, y compris moi-même, ne choisissent pas les concepts qui leur conviennent au détriment de ceux qui les dérangent. Que ceux qui croient en un Dieu créateur insistent davantage sur l'équanimité de tous les êtres humains. Qu'ils oublient les galaxies pour se concentrer sur cette planète. Si un créateur a créé tous les êtres terrestres, il n'y a pas de place pour la discrimination. Aucune différence ne peut exister sur la base de la couleur, de l'origine sociale ou, particulièrement dans ce pays-ci, de la caste.

D'après les penseurs de l'Inde ancienne, le rôle du karma est essentiel dans la pratique de l'équanimité. Le bouddhisme partage cette opinion. Ici, équanimité signifie : « Ne pas développer de grand attachement envers un objet et en même temps ne pas développer de haine envers un autre. » Dans la pensée indienne, la croissance de cette forme d'équanimité se fonde sur la compréhension du concept de karma : tout ce que nous sommes aujourd'hui, les pensées positives et négatives que nous nourrissons, les différents aspects, les expressions diverses qui nous appartiennent, résultent de nos actions passées. Quand nous l'avons compris, nous gérons plus facilement nos contacts avec les autres, même les plus désagréables. Nous savons que tout ce qu'un individu exprime dans l'instant est la conséquence de son karma. Nous pouvons rendre responsable le karma négatif, et non la personne. Ainsi, nous pouvons susciter l'équanimité. De même, la vieille croyance indienne en des vies passées et à venir nous aide à affronter nos ennemis présumés dans cette vie-ci. Au lieu de penser qu'un individu nous crée des problèmes, nous nous concentrons sur le fait que, dans le passé, il a sans doute été notre meilleur ami ou un proche parent. Ensuite, il n'est pas facile de le définir comme un ennemi.

Dans le buddhadharma, et plus particulièrement dans la tradition mahayaniste ou sanskrite, tous les êtres sensibles détiennent une nature de bouddha. Quand nous rencontrons des difficultés avec les autres, souvenons-nous que ce sont des êtres sensibles, tout comme nous, et qu'ils ont une nature de bouddha. La nature ultime de chacun d'entre nous est pure. Cette croyance peut apaiser notre esprit et amoindrir nos sentiments négatifs.

Un autre moyen de parvenir à l'équanimité consiste à prendre conscience du fait qu'on veut le bonheur le plus grand, le meilleur. On ne veut pas souffrir. On est incapable de tolérer le problème ou la souffrance les plus infimes. Tout être nourrit ce souhait inné. Il faut comprendre que cette aspiration est présente en chacun de nous.

Dans la pratique bouddhique, quand nous parlons du développement de l'équanimité, nous envisageons deux niveaux. Au premier, nous comprenons que nous ne devons pas nourrir un attachement particulier envers un groupe, ni la haine envers un autre groupe, mais créer un équilibre mental. Certains de mes exemples illustrent le processus de l'accroissement de l'équanimité à ce niveau. Ils démontrent l'interconnexion de tout, l'influence des émotions négatives sur chaque être et la responsabilité de la loi du karma dans ses souffrances.

Quand on entend cultiver le deuxième niveau de l'équanimité – souhaiter être source de bienfaits pour tous, proches ou non –, on réfléchit au fait que chaque être, comme soi-même, veut le bonheur et ne veut pas la souffrance. On essaie de se souvenir que nous sommes tous de même nature et que nous avons tous des besoins, des aspirations identiques. Pour aider les autres êtres sensibles, pour leur apporter des bienfaits, on ne fait pas de distinction entre eux. Sans se sentir proche ou loin d'eux, on peut faire croître un esprit fort qui souhaite être source de bienfaits pour chacun. On peut renforcer cette pratique de l'équanimité en comparant les effets destructeurs de l'égoïsme aux effets positifs de l'altruisme et de la recherche du bien-être d'autrui. Pour atténuer l'égoïsme et accentuer l'altruisme, on doit lire le *Bodhicharyavatara* de Shantideva, qui explique pourquoi il faut adopter ces pratiques et comment les renforcer. Si l'on étudie les enseignements de ce maître et si l'on songe aux problèmes que rencontre le monde actuel, on comprend facilement les bienfaits apportés par l'altruisme et la nocivité de l'égoïsme.

La méditation sur la vacuité est utile à l'accroissement de l'équanimité. Pour le comprendre, réfléchissez au tort que nous causent les émotions perturbatrices. Pensez par exemple aux effets destructeurs de la colère et de la haine. Quand nous les ressentons, ces émotions détruisent la paix de l'esprit en autrui et elles nous blessent considérablement. D'ordinaire, elles prennent des formes agressives et s'expriment par la violence. Lorsque nous réfléchissons aux autres sortes d'émotions perturbatrices, comme l'attachement, elles nous semblent douces, comparables à des amis, alors qu'elles sont elles aussi très destructrices.

L'attachement peut porter sur des biens – cette chose, cette personne, est à moi – ou sur soi-même, sur ce « je » qu'on croit être. L'attachement au « je » survient parce qu'on se perçoit comme un objet matériel, existant de lui-même. C'est à cause de cette adhésion au caractère concret du soi que d'autres attachements naissent. De même, quand on ressent de la haine, on a tendance à juger son objet indépendant et matériel. Imaginons par exemple que vous êtes en colère contre un certain M. Gupta. Si vous le croyez idiot, à ce stade-là vous le prenez pour un objet. Vous considérez que M. Gupta existe de lui-même, en tant qu'être indépendant et concret. Mais marquez un temps d'arrêt pour vous demander : « Où est M. Gupta ? Qui est-ce ? Est-ce une âme ou un corps ? » Analysez un peu la situation et vous vous apercevrez qu'il est impossible de définir M. Gupta. Or, quand on ne peut identifier ce qui, croyait-on, existait concrètement, on constate que l'emprise se relâche. De la même manière, si vous vous attachez fortement à une personne, prenez le temps de vous poser les mêmes questions. Vous comprendrez qu'il est impossible d'identifier une personne dotée d'une existence concrète. Là encore, l'emprise se relâche. Le même phénomène se produit si vous analysez l'emprise dont vous-même, individu, « je », faites l'objet.

Arrêtez-vous un instant et demandez-vous : « Où est ce "je" ? Où est ce "moi" auquel je consacre une si forte emprise ? » Vous ne le trouverez pas, et cela vous conduira à vous interroger sur le pourquoi d'une telle emprise envers un objet impossible à identifier. En constatant votre absence de moi, vous pourrez atténuer les émotions perturbatrices, comme la haine et l'attachement. « Absence de soi » ne signifie pas « inexistence du soi ». Ce qui est sous-entendu, c'est qu'il n'y a pas de soi doté d'une nature objective et indépendante.

Pour renforcer le pouvoir de l'antidote à l'emprise sur soi, on peut rappeler le sens d'« absence de soi » dans différents systèmes du bouddhisme. La pensée bouddhique incite à réfléchir sur la signification de l'absence de soi de tous les phénomènes. Il n'est pas ici question de l'inexistence intrinsèque de la personne, mais de celle de l'objet qu'elle utilise. La réalité est la même, qu'il s'agisse de l'objet dont jouit la personne ou de la personne qui jouit de l'objet : il n'y a pas d'existence indépendante et intrinsèque. Cette vision de l'absence de soi est exposée dans l'école de pensée dite « de l'Esprit seul », ou Chittamatra, selon laquelle tout est création de l'esprit, tout se trouve dans l'esprit.

On ne fait pas l'expérience d'un objet qui est en substance séparé de l'esprit.

Prenons l'exemple de la vue : quand la conscience sensorielle de l'œil se pose sur un objet, disons une fleur, celle-ci nous apparaît, selon le Chittamatra, comme étant dotée d'une existence concrète, indépendante, détachée des imputations de l'esprit. Quand une conscience sensorielle comme celle de l'œil investit un objet, on dit que trois apparences ou modes de perception se manifestent. Dans la première, on voit la fleur comme une fleur. Dans la deuxième, on perçoit la fleur comme le fondement du langage, de l'investissement du nom « fleur ». Dans la troisième, on considère que la fleur est dotée d'une existence objective, à part entière. Dans ce cas-là, on ne la voit pas seulement comme l'objet auquel se rapporte un nom, mais aussi comme un objet doté d'une existence intrinsèque. Selon le Chittamatra, les trois niveaux de perception se manifestent en raison de l'activation des trois types d'empreintes. Pour cette école, on perçoit la fleur comme une fleur en raison de l'activation de l'empreinte correspondante, d'une empreinte d'un même type.

Toujours d'après le Chittamatra, rien n'a d'existence externe et tout est en substance fondu à l'esprit. On perçoit un objet comme la fleur de trois façons. Quand on considère que la fleur est dotée d'une existence indépendante, on se trompe. Si l'on tente de défendre ce malentendu, on déclare qu'il existe une fleur séparée en substance de la conscience sensorielle, car on la voit exister hors de cette conscience sensorielle. Ce à quoi les tenants de l'école de l'Esprit seul répondent qu'on voit la fleur séparée en substance de l'esprit en raison de l'activation des mauvaises empreintes, laissées par l'emprise dont notre moi a fait l'objet dans le passé. Ils en concluent qu'il n'y a pas d'objet doté d'une existence externe. La fleur et l'esprit qui la perçoit sont en substance identiques.

Passons maintenant à une autre école de pensée, le Madhyamika, qui conteste l'interprétation du Chittamatra en disant : « Certes, tout voir comme étant en substance fondu à l'esprit permet de freiner la croissance de l'attachement et de l'aversion vis-à-vis des objets externes, mais qu'en est-il de l'esprit lui-même ? Comment atténuer l'attachement et la haine qu'on voue à l'esprit ? » Selon le Madhyamika, les objets externes et l'esprit interne sont bien pareils : aucun n'est doté d'une existence intrinsèque. Si les choses existaient indépendamment, il n'y aurait aucun écart entre les apparences et la réalité. Et pourtant, dans la vie, nous faisons très souvent l'expérience de cette disparité. Voilà pourquoi on ne peut distinguer les objets de l'esprit. C'est ainsi que le Madhyamika présente l'absence de soi. En faisant croître la compréhension de l'absence de soi, on peut reconnaître que, puisqu'il n'y a pas d'objet ni d'esprit subjectif à identifier ou auquel s'accrocher, il n'y a pas non plus de fondement à l'emprise.

Le Bouddha a enseigné ce qu'on appelle les quatre promulgations, ou les quatre sceaux, du bouddhisme : tous les phénomènes conditionnés sont impermanents ; toutes les choses contaminées sont souffrance ; tous les phénomènes sont absence de soi et vacuité ; le nirvana, ou la libération, est paix. En comprenant ces préceptes, on peut atteindre différents stades d'équanimité. Par exemple : en comprenant le premier, on prend conscience du fait que tout a une cause, que tout est transitoire et impermanent, que tout est égal. C'est dans cette optique que le *Bodhicharyavatara* demande comment un objet impermanent peut ressentir de la haine envers un autre objet, lui aussi impermanent et tout aussi transitoire. Le deuxième précepte implique que, si l'esprit est contaminé et pollué, si la souffrance fait partie de la nature d'un individu, alors il en est de même pour autrui. Dans ces conditions, doit-on se demander, comment haïr d'autres êtres, comment s'attacher à eux, si nous sommes tous pareils ?

Comprendre que tous les phénomènes sont absence de soi et vacuité mène à la même conclusion. Quand nous assimilons le nirvana à la paix, ou la libération à l'état de paix absolue, nous nous apercevons que chacun de nous possède une nature de bouddha et peut facilement cultiver l'équanimité.

Pour y parvenir, nous devons d'abord acquérir le savoir, puis, par la prise de conscience et l'expérience, nous doter d'une conviction. Telle est la bonne façon de pratiquer. En définitive, nos émotions s'en ressentiront.

Y a-t-il une différence entre l'esprit de la claire lumière et la nature de bouddha ?

C'est la même chose. La nature de bouddha peut être la vacuité fondamentale de l'esprit, auquel cas il ne s'agit pas d'une conscience. Elle peut aussi renvoyer à l'esprit de la claire lumière primordiale, qui est davantage lié aux enseignements tantriques.

La méditation vipassana est-elle la seule voie de l'Éveil ?

Tout dépend de ce que vous entendez par Éveil. À un certain niveau, on pense que l'esprit éveillé est plus complexe ou plus sage. Mais je crois qu'il y a différents niveaux d'Éveil. De même, il y a plusieurs variétés de vipassana. Quelques-unes aident à atteindre certaines formes d'Éveil, mais il est délicat d'affirmer qu'on peut parvenir à l'Éveil par vipassana. C'est une question difficile.

Pourquoi le pouvoir du mal est-il supérieur à celui du bien ?

Je ne pense pas que ce soit vrai. Le pouvoir du mal est parfois considérable, mais temporaire. À long terme, je ne crois pas qu'il soit supérieur à celui du bien.

L'ego et le respect de soi sont deux émotions conflictuelles inhérentes à la nature humaine. Comment l'équanimité permet-elle à l'homme ordinaire de dégager les valeurs positives de ces deux sentiments ?

Déjà, je ne considère pas nécessairement l'ego et le respect de soi comme deux termes contradictoires. Quand nous pensons faire croître les qualités positives comme la bodhicitta et l'altruisme, nous prenons conscience du fait qu'il nous faut un sentiment de l'ego et un respect de soi puissants. On peut dire, je suppose, qu'il y a deux sortes d'ego, dont l'une est positive. Par exemple : vous développez votre ego en pensant que vous devez parvenir à l'Éveil pour apporter des bienfaits aux êtres sensibles qui souffrent. Dans l'une de mes prières préférées, il est dit : « Tant que demeurera l'espace, je demeurerai. » Il faut un fort sentiment du soi, un ego puissant, pour être utile à autrui. En revanche, l'ego négatif, c'est le « je » égocentrique. Cet ego-là pousse à faire du mal aux autres, à les exploiter.

Qui est le créateur? Qui a créé le créateur et pourquoi?

Pour le bouddhisme, c'est toute la question. Comment un créateur peut-il advenir? Voilà pourquoi les bouddhistes n'acceptent pas l'idée d'un créateur. Bien entendu, comme je l'ai déjà indiqué, nous respectons ce concept, ainsi que son importance pour d'autres que nous.

Comment les relations évoluent-elles si l'on ne fait pas croître l'attachement?

L'amitié et l'attachement sont deux choses différentes. L'un de mes amis, un Chilien spécialiste du nucléaire, m'a dit un jour qu'on doit rester très objectif si on se lance dans l'étude et l'analyse scientifiques. On doit totalement s'engager dans l'analyse mais, en même temps, rester détaché. Ce constat s'applique aussi en l'occurrence.

Que pouvons-nous faire pour engendrer la paix et la tolérance dans le monde?

Je crois qu'il nous faudra du temps. Nous devons commencer au niveau le plus bas, avec les individus et les familles, puis nous élever à partir de là.

Comment faire la différence entre une compassion idiote et la générosité ?

Cette question n'est pas claire. Que signifie « compassion idiote » ?

Votre Sainteté, cela signifie : « compassion aveugle, dépourvue d'intention ».

Alors la compassion idiote n'est pas du tout la compassion.

Quel message adressez-vous aux hommes politiques du monde entier ?

Soyez vrais. Soyez honnêtes.

L'homme du commun qui assume des responsabilités familiales peut-il parvenir au nirvana ou à la bouddhéité ?

Oh oui, sans aucun doute.

Comment trouver le véritable bonheur ?

Selon le bouddhisme, la véritable cessation, ou nirvana, est la forme supérieure de la paix. Cet état n'est pas une expérience mentale éphémère. Quand on y est parvenu, on ressent une paix et un bonheur stables, durables.

En Inde et en Occident, comment le bouddhisme peut-il aider la cause tibétaine ?

Aujourd'hui, les Chinois s'intéressent de plus en plus au dharma en général et au bouddhisme tibétain en particulier. Pour ce qui est de la question tibétaine, cet état de fait sera, à terme, très positif. Nous devons expliquer la tradition du bouddhisme tibétain. C'est celle de Nalanda à l'état pur. Beaucoup d'Indiens savent que Nalanda est un haut lieu du savoir, de l'approfondissement des traditions intellectuelles. Malheureusement, le bouddhisme tibétain est parfois présenté de façon superficielle, avec des masques et d'innombrables rituels. Il y a là, selon moi, un vrai risque de mal comprendre le buddhadharma. Si nous expliquons que la tradition tibétaine se situe dans le droit fil de celle de Nalanda, nous éviterons ce malentendu.

D'un bodhisattva du dixième stade ou d'un bouddha, qui peut le mieux servir les êtres ?

Cette question est un peu sotte. Si un bodhisattva du dixième stade a atteint le niveau de pouvoir qui permet d'établir une comparaison directe avec un bouddha, la question de parvenir à un Éveil supérieur ne se pose pas. On dit qu'un bodhisattva du dixième stade a atteint un niveau qui lui permet de servir les êtres sensibles d'une façon tout à fait comparable à la bouddhéité.

Comparé aux bodhisattvas des neuf premiers stades, le bodhisattva du dixième stade a atteint le niveau supérieur, qu'on appelle la bodhisattvabhumi. Vient ensuite le stade de l'Éveil du bodhisattva, qui jouit d'un respect tout particulier. Parfois, on lui donne même le nom de buddhabhumi.

Votre Sainteté, les malades subissent un traumatisme énorme et perdent leur équanimité. Nous aimerions savoir ce que Votre Sainteté a ressenti quand elle était souffrante.

Je me trouvais dans le Bihar, un des États les plus pauvres de l'Inde. En passant par Nalanda, Rajgir, Bodhgaya et Patna, j'ai vu beaucoup de pauvres, notamment des enfants et des vieillards, dont un grand nombre étaient malades. Apparemment, personne ne s'occupait d'eux. Dans un hôtel de Patna, je suis tombé malade et j'ai énormément souffert. Mais j'ai commencé à réfléchir au sort des pauvres que j'avais vus, et surtout des enfants. D'une certaine façon, mon esprit s'est détourné de ma douleur. Voilà un exemple du fait que la pratique de la compassion et de la bienveillance envers autrui est source d'immenses bienfaits pour soi-même. En quelque sorte, on oublie la douleur.

En temps normal, quand des bouddhistes se rassemblent, ils récitent trois strophes destinées à engendrer la bodhicitta et à réfléchir à sa signification.

La première évoque la prise de refuge dans le Bouddha, le Dharma et le Sangha. La deuxième, la production de la bodhicitta et de l'altruisme. La troisième, le renforcement et l'augmentation des pratiques du bodhisattva. Normalement, quand j'organise une petite cérémonie afin de faire croître la bodhicitta, je la fonde sur ces trois strophes.

D'abord, en présence d'un thangka ou d'une image du Bouddha, on doit visualiser le Bouddha Shakyamuni. Puis, à travers la répartition des autres thangkas qui représentent les six ornements et les deux suprêmes, on s'imagine voir les huit grands maîtres spirituels de Nalanda. On se figure que ce ne sont plus de simples images, mais les maîtres eux-mêmes. En présence du Bouddha et de ces grands maîtres réalisés, on s'imagine prenant refuge et engendrant la bodhicitta pour apporter des bienfaits aux êtres sensibles qui souffrent.

Que ceux d'entre vous qui appartiennent à d'autres traditions pensent au maître de leur foi.

Récitez ces trois strophes dont j'ai déjà parlé. Leur pouvoir est infaillible.

Comment engendrer l'esprit destiné à l'Éveil

Mû par le souhait de libérer tous les êtres,
J'irai oujours trouver refuge
Dans le Bouddha, le Dharma et le Sangha
Jusqu'à ce que je parvienne à l'Éveil complet.

Transporté par la sagesse et la compassion,
Aujourd'hui, en présence du Bouddha,
J'engendre l'Esprit qui mène à l'Éveil complet
Afin d'apporter des bienfaits à tous les êtres sensibles.

Tant que demeurera l'espace,
Tant que demeureront les êtres sensibles,
Jusque-là, puissé-je moi aussi demeurer
Pour dissiper les malheurs du monde.

Les quatre nobles vérités et les *Huit Stances de l'entraînement de l'esprit*

La première fois qu'il a parlé du dharma, en Inde, le Bouddha Shakyamuni, notre grand maître, a enseigné les quatre nobles vérités : la souffrance, la cause de la souffrance, la cessation de la souffrance et la voie qui mène à la cessation de la souffrance. Grâce aux nombreux ouvrages consacrés à l'analyse des quatre nobles vérités (et de l'octuple voie), la question est désormais bien connue.

Forts du principe selon lequel nous voulons parvenir au bonheur et éliminer la souffrance, nous pouvons déceler un effet et une cause, à la fois dans le mal-être et dans la libération. La véritable souffrance et ses véritables causes sont l'effet et la cause de ce que nous ne voulons pas, mais la véritable cessation et la véritable voie sont l'effet et la cause de ce que nous désirons.

Nous faisons l'expérience de multiples sortes de souffrances, qui appartiennent à trois catégories : la souffrance de la souffrance, la souffrance du changement et la souffrance omniprésente.

La souffrance de la souffrance se rapporte à des phénomènes telle la migraine. Les animaux eux-mêmes la reconnaissent et, comme nous, veulent s'en libérer. On redoute cette souffrance, on en éprouve un mal-être. Aussi mène-t-on diverses actions pour la faire disparaître.

La souffrance du changement se rapporte à des situations comme celle-ci : nous sommes confortablement assis, détendus, et à première vue tout va bien. Pourtant, au bout d'un moment, nous nous sentons agités et mal à l'aise.

Dans certains pays, comme l'Inde, on voit beaucoup de pauvreté et de maladies. Ces souffrances relèvent de la première catégorie. Il s'agit de conditions à améliorer ou à éliminer. De nombreux États occidentaux ignorent cette pauvreté. Toutefois, ils rencontrent divers problèmes, y compris ceux qui sont dotés d'un grand confort matériel. On peut être très heureux d'avoir surmonté les difficultés que nos ancêtres ont connues, mais d'autres surgissent aussitôt. On a de l'argent à profusion, de quoi manger et se loger. Or, en surestimant ces éléments, on leur fait perdre toute valeur. Cette expérience est celle de la souffrance du changement.

Un être très pauvre, très défavorisé, peut juger merveilleux de posséder une voiture ou une télévision. S'il les achète, il se sent comblé. Si un bonheur était permanent, celui qui possède une voiture et une télévision serait heureux à jamais. Or il n'en est rien. Après quelques mois, il veut une autre voiture. S'il a de l'argent, il achète une autre télévision. L'objet qui lui procurait naguère du plaisir lui procure désormais du déplaisir. Telle est la nature du changement. Tel est le problème lié à la souffrance du changement.

Parce qu'elle fonde les deux premières catégories de souffrances, la souffrance omniprésente s'appelle *kyab-pa-clu-ched-kyi-dug-ngel* en tibétain (littéralement: « la souffrance de composition envahissante »). Certains, même en Occident, veulent se libérer de la deuxième souffrance. Las des bonheurs souillés, ils cherchent l'équanimité, ce qui peut les amener à renaître dans le plus haut des trois domaines.

Mais désirer s'affranchir des deux premières catégories de souffrances n'est pas la principale motivation dans la recherche de la libération (vis-à-vis de l'existence cyclique). Le Bouddha a enseigné que la souffrance omniprésente constituait la racine de toute souffrance. Certaines personnes se suicident. Elles semblent croire que la vie est cause de souffrance et qu'en y mettant fin elles entreront dans le néant. La troisième souffrance est placée sous le contrôle du karma et de l'état d'esprit perturbateur issus des vies antérieures. Si la colère et l'attachement se manifestent, c'est que nous détenons ces agrégats. L'agrégat des phénomènes composites nous aide à produire le karma et les états d'esprit perturbateurs. On l'appelle *ne-ngen-len* (littéralement : « qui prend une mauvaise place »). Parce que cette forme résultante est liée au fait de prendre la mauvaise place des états d'esprit perturbateurs et qu'elle est située sous leur contrôle, elle crée des états d'esprit perturbateurs et nous éloigne de la vertu. Toute notre souffrance trouve son origine dans les agrégats de l'attachement et de l'emprise.

Après avoir compris que la souffrance prend sa source dans les agrégats, peut-être considère-t-on le suicide comme une issue. S'il n'y a pas continuité de l'esprit, pas de vie future, d'accord… Si vous en avez le courage, vous pouvez vous supprimer. Mais, du point de vue du bouddhisme, ce n'est pas le cas. La conscience perdure. Même si l'on prend sa propre vie, on doit de nouveau habiter un corps qui sera, une fois de plus, le fondement de la souffrance. Si l'on veut vraiment se débarrasser de la souffrance, de toutes les difficultés de l'existence, on doit éliminer les causes qui engendrent les agrégats sur lesquels elle repose. Se tuer ne résout pas le problème.

Voyons maintenant quelle est la cause de la souffrance. Y en a-t-il une ou non ? Si oui, de quelle sorte de cause s'agit-il ? D'une cause naturelle, qui ne peut s'éliminer, ou d'une cause qui dépend de sa propre cause et qui peut donc disparaître ? S'il s'agit d'une cause relevant de la deuxième catégorie, pouvons-nous la vaincre ? C'est là qu'intervient la deuxième noble vérité : la véritable cause de la souffrance.

Pour les bouddhistes, il n'y a pas de créateur. Le Bouddha lui-même, qui est l'être suprême, n'a pas le pouvoir de créer la vie. Quelle est donc la cause de la souffrance ?

En règle générale, la cause ultime, c'est l'esprit. Influencé par des pensées comme la colère, l'attachement ou la jalousie, il est la cause première de la naissance et de tous les autres problèmes. Il est toutefois impossible de trancher l'esprit, le courant de conscience. De plus, à son niveau le plus profond, il n'est pas intrinsèquement mauvais ; il est tout simplement influencé par de mauvaises pensées. Une question se pose alors : pouvons-nous combattre et contrôler la colère, l'attachement et d'autres états d'esprit négatifs et perturbateurs ? Si oui, il nous restera un esprit pur, c'est-à-dire libéré des causes de la souffrance.

Ce point nous amène à la question des états d'esprit négatifs et perturbateurs : les faux-semblants. Il existe plusieurs définitions de l'esprit, mais en règle générale il n'est que clarté et conscience. Pour analyser les causes de la souffrance, il convient d'observer la façon dont les attitudes perturbatrices, comme la colère ou l'attachement, affectent et polluent l'esprit, ce qui est en fait leur nature.

À la question : « Comment la colère et l'attachement surgissent-ils ? » on peut répondre qu'ils sont aidés en cela par notre emprise sur des choses, considérées comme authentiques et intrinsèquement réelles. Quand, par exemple, nous sommes en colère, nous avons le sentiment que l'objet de cette colère est là, concret, dépourvu d'imputations, et que nous sommes comme lui. Avant de nous mettre en colère, nous le trouvions quelconque. Mais, dès que la colère affecte notre esprit, l'objet en question nous semble laid, voire répugnant. Nous voulons nous en débarrasser sur-le-champ. Il nous paraît exister *réellement* ainsi : solide, indépendant et repoussant. Cette apparence alimente notre colère. Et pourtant, quand nous le revoyons le lendemain, une fois notre colère disparue, il nous semble plus beau que la veille. C'est le même objet, mais il n'a pas l'air aussi mauvais. C'est la démonstration de l'influence de notre emprise sur des choses, considérées comme réelles et dépourvues d'imputations, sur notre colère et notre attachement.

D'après les textes philosophiques du Madhyamika (la Voie médiane), l'emprise qui porte sur l'existence réelle est la racine de toutes les émotions perturbatrices. Elle les engendre et les assiste. L'ignorance, la fermeture d'esprit qui s'accroche aux choses considérées comme intrinsèquement réelles, est la source de toutes nos souffrances. En nous accrochant à l'existence réelle, nous suscitons plusieurs sortes d'états d'esprit négatifs et perturbateurs, et nous créons un karma négatif considérable.

Dans le *Madhyamakavatara* (« L'Introduction à la voie médiane »), du grand pandit indien Chandrakirti, il est écrit qu'il y a d'abord attachement au soi, puis emprise sur des choses et attachement à elles comme étant « à soi ». On trouve un « je » solide, indépendant, plus grand que tout, sur lequel se construit peu à peu le « ceci est à moi », puis le « nous ». Dans cette même logique vient enfin l'« autre », l'« ennemi ».

L'attachement porte sur le « je », le « à moi ». Envers « lui », « elle » et « eux », nous éprouvons une certaine distance. Des sentiments liés à l'idée de concurrence, comme la colère et la jalousie, se manifestent alors. En définitive, c'est le sentiment du « je » – non pas du « je » pur et simple, mais du « je » qui nous obsède – qui pose problème. Il engendre la colère et l'irritation, les propos blessants et l'expression physique de l'aversion et de la haine. Toutes ces actions (de l'esprit, de la parole et du corps) produisent une accumulation de mauvais karma. Tuer, tromper et d'autres actions négatives viennent de là. Vous constatez donc que la première étape, celle des états d'esprit négatifs et perturbateurs, est purement mentale ; et que la deuxième est celle de leur traduction en actes, en karma.

Avec la colère, par exemple, l'atmosphère se tend et l'on se sent mal à l'aise. Les doux s'efforcent d'éviter le furieux, qui est d'autant plus troublé. Plus tard, il éprouvera de la gêne et aura honte d'avoir dit toutes les absurdités qui lui venaient aux lèvres. Quand on se met en colère, il n'y a plus de place pour la logique ou la raison. On devient fou, au sens littéral du terme. Par la suite, quand l'esprit est redevenu normal, on a honte. Rien de positif ne ressort de la colère et de l'attachement. Sans doute est-il difficile de les contrôler, mais tout le monde peut comprendre qu'il n'y a rien de bon en eux. Telle est la deuxième noble vérité. Se pose alors une question : peut-on éliminer ces états d'esprit négatifs ?

La racine de tous les états d'esprit négatifs et perturbateurs, c'est notre emprise sur des choses considérées comme réellement existantes. Nous devons donc savoir si cet esprit d'emprise est correct ou distordu. Nous pouvons y parvenir en cherchant le mode d'existence des choses qu'il perçoit. Comme l'esprit est incapable de voir s'il appréhende les objets correctement ou non, nous devons nous appuyer sur une autre sorte d'esprit. Si, après investigation, nous découvrons d'autres moyens d'observer et s'ils contredisent ou nient la perception de l'esprit qui s'attache à l'existence réelle, alors nous pouvons dire que l'esprit ne perçoit pas la réalité.

À l'aide de l'esprit, capable d'analyser l'ultime, nous devons tenter de déterminer si l'esprit qui s'attache aux choses comme étant réellement trouvables est correct ou non. Si oui, l'esprit d'analyse doit finir par trouver ce sur quoi porte l'emprise. Les grands classiques du Chittamatra, notamment des écoles Madhyamika, contiennent de nombreux raisonnements qui permettent de mener cette investigation. Grâce à eux, on découvre que l'esprit qui s'attache aux choses comme étant intrinsèquement trouvables n'est pas correct, mais distordu, et qu'on ne peut trouver les objets auxquels il s'attache. Parce que l'esprit est trompé par son objet, il doit être éliminé.

Après investigation, on s'aperçoit que le seul support valide de l'esprit d'emprise est le raisonnement logique de l'esprit qui comprend que l'esprit d'emprise est invalide. L'esprit soutenu par la logique l'emportera toujours sur celui qui ne l'est pas. Comprendre qu'il n'y a pas d'existence réellement trouvable constitue la claire nature de l'esprit. Quant à l'esprit qui s'accroche aux choses comme étant réellement trouvables, il est superficiel et fluctuant.

Quand nous éliminons les états d'esprit négatifs et perturbateurs, la cause de toute souffrance, nous éliminons égalcment les souffrances. Telle est la troisième noble vérité : la libération, la cessation de la souffrance. Puisqu'elle est possible, nous devons nous pencher sur la méthode, ce qui nous amène à la quatrième noble vérité.

Les trente-sept facteurs d'Éveil sont les voics communes aux trois véhicules du bouddhisme – le Shravakayana, le Pratyekabuddhayana et le Mahayana. Les dix niveaux et les six perfections transcendantes sont les voies spécifiques du véhicule du bodhisattva – le Mahayana.

Le Hinayana se rencontre surtout en Thaïlande, en Birmanie et au Sri Lanka. Le pratiquant est mû par le désir de se libérer de sa souffrance. Uniquement préoccupé de lui-même, il pratique les trente-sept facteurs d'Éveil reliés aux cinq voies: les quatre attentions rapprochées, les quatre pouvoirs miraculeux, les quatre abandons purs (reliés à la voie de l'accumulation), les cinq pouvoirs et les cinq forces (à la voie de l'application), les sept facteurs d'Éveil (à la voie de la vision) et l'octuple voie (à la voie de la méditation). Il peut ainsi éliminer les états d'esprit négatifs et perturbateurs, puis parvenir au nirvana et à la libération individuelle. Tels sont la voie et les résultats du Hinayana.

Ceux qui suivent la voie du Mahayana ne sont pas uniquement préoccupés de leur propre libération, mais de l'Éveil de tous les êtres sensibles. Mus par la bodhicitta – ils mettent tout leur cœur à atteindre l'Éveil pour mieux aider autrui –, ils pratiquent les six perfections transcendantes et traversent les dix niveaux des bodhisattvas jusqu'à ce qu'ils aient surmonté les deux sortes d'obscurcissements et atteint l'Éveil suprême de la bouddhéité. Tels sont la voie et les résultats du Mahayana.

La pratique des six perfections transcendantes passe essentiellement par l'unification de la méthode et de la sagesse, ce qui permet d'obtenir les deux corps éveillés: le rupakaya et le dharmakaya. Étant donné qu'on ne peut les obtenir que simultanément, on doit aussi cultiver leurs causes simultanément. Il faut donc accumuler ensemble des mérites – la cause du rupakaya ou «corps de forme» – et une conscience, une vision intérieure – la cause du dharmakaya ou «corps de sagesse». Dans le Paramitayana, on pratique la méthode saisie par la sagesse et la sagesse saisie par la méthode. En revanche, dans le Vajrayana, on pratique la méthode et la sagesse considérées comme étant une par nature.

Dans ses *Huit Stances de l'entraînement de l'esprit*, Langri Thangpa explique la pratique de la méthode et de la sagesse selon le Paramitayana. Les sept premières stances traitent de la méthode – la bonté, la bodhicitta – et la huitième traite de la sagesse.

> 1. *Décidé à parvenir à toutes les réussites, je pratiquerai toujours ainsi : je chérirai tous les êtres sensibles, qui sont plus précieux que les joyaux exauceurs de vœux.*

Comme tous les êtres sensibles, nous voulons être heureux et nous affranchir de la souffrance. Sur ce plan, nous sommes tous égaux. Mais chacun de nous n'est qu'un, alors que les autres êtres sensibles sont en nombre infini. Il faut envisager deux attitudes : soit on se chérit soi-même, soit on chérit autrui. Dans le premier cas, on est très crispé : on se considère comme extrêmement important, on désire essentiellement être heureux et que tout aille bien pour soi. Or on ne sait pas comment y parvenir. En fait, obéir à cette motivation ne rend jamais heureux.

Ceux qui chérissent autrui jugent tous les êtres bien plus importants qu'eux-mêmes. Pour eux, l'aide due à autrui se situe au-dessus de tout. En agissant ainsi, ils sont incidemment très heureux. Même les hommes politiques, par exemple, qui se préoccupent sincèrement d'aider et de se mettre au service d'autrui, sont considérés avec respect par la postérité, tandis que ceux qui exploitent constamment autrui sont méprisés par l'histoire.

Écartant, pour le moment, la religion, la vie future et le nirvana, même en cette vie-ci, les égoïstes produisent, par leurs actes, des répercussions négatives qui se retournent contre eux. En revanche, on se souvient avec respect d'êtres comme Mère Teresa, qui mettent leur vie et leur énergie au service des pauvres, des nécessiteux et des faibles. Voilà à quoi parvient l'être qui chérit autrui. Qu'il le veuille ou non, même ceux qui ne sont pas ses parents l'aiment, se sentent heureux près de lui, éprouvent un sentiment chaleureux envers lui.

Si vous êtes de ceux qui parlent bien des autres devant eux, et mal dans leur dos, personne ne vous aimera. Si nous essayons d'aider autrui autant que faire se peut, si nous nourrissons aussi peu de pensées égoïstes que possible, nous connaîtrons un grand bonheur, même en cette vie-ci. Notre existence est courte : cent ans au plus. Si, pendant ce temps, nous nous efforçons d'être bons, chaleureux, concernés par le bien-être d'autrui, moins égoïstes et moins colériques, alors tout ira merveilleusement bien. Telle est la véritable cause du bonheur. Si nous sommes égoïstes, si nous nous plaçons toujours en premier et si autrui vient en second, nous finirons derniers. Si, mentalement, nous nous plaçons en dernier et si autrui vient en premier, nous finirons en tête.

Ne vous inquiétez donc pas de la vie future ou du nirvana. Ils viendront petit à petit. Si, en cette vie-ci, vous restez bon, chaleureux et altruiste, vous serez un bon citoyen du monde. Que vous soyez bouddhiste, chrétien ou communiste ne compte pas. Tant que vous êtes humains, vous devez être de bons humains. C'est ce qui importe. Tel est l'enseignement du bouddhisme, le message délivré par toutes les religions du monde. Les enseignements du Bouddha renferment toutefois les méthodes destinées à éradiquer l'égoïsme et à réaliser l'attitude qui consiste à chérir autrui. Le *Bodhicharyavatara*, de Shantideva, est très utile à cet égard. Ma pratique se fonde sur cet ouvrage. Notre esprit est rusé, difficile à contrôler, mais si nous faisons des efforts constants, si nous œuvrons sans relâche, avec l'aide du raisonnement et d'une analyse minutieuse, nous pourrons le contrôler et l'améliorer.

De l'avis de certains psychologues occidentaux, nous devons exprimer notre colère au lieu de la refouler. Nous devons pratiquer la colère ! Il convient de distinguer les problèmes mentaux qui doivent se manifester et ceux qui ne le doivent pas. Parfois, on vous fait du tort. Il est juste que vous exprimiez vos doléances au lieu de les ruminer. Mais vous ne devez pas le faire par la colère. Si vous encouragez les états d'esprit négatifs et perturbateurs, ils feront partie de votre personnalité. La colère se manifeste à chaque fois plus facilement. Plus on l'exprime et plus on perd le contrôle de soi. Certains problèmes mentaux y trouvent une expression correcte, et d'autres non. Au début, quand on s'efforce de contrôler les états d'esprit négatifs et perturbateurs, on éprouve des difficultés. Le premier jour, la première semaine, le premier mois, on ne peut les contrôler correctement. Mais si l'on fait un effort constant, on s'aperçoit que les émotions négatives diminuent peu à peu. L'esprit ne grandit pas grâce à la prise de médicaments ou d'autres substances chimiques, mais grâce au contrôle.

Si nous voulons répondre à nos attentes, qu'elles soient temporelles ou ultimes, nous devons nous appuyer sur les autres êtres sensibles plutôt que sur les joyaux exauceurs de vœux et les chérir plus que tout.

Cette pratique vise-t-elle l'amélioration de l'esprit ou l'assistance à autrui ? Qu'est-ce qui importe le plus ?

Les deux. Faute de motivation pure, notre action risque de ne pas être satisfaisante. La première chose à faire est donc de cultiver la motivation pure. Mais nous ne devons pas attendre qu'elle soit parvenue à maturation pour aider les autres. Bien sûr, pour les aider du mieux possible, il nous faut être des bouddhas éveillés. Pour les aider en tout, nous devons avoir atteint l'un des niveaux des bodhisattvas, c'est-à-dire avoir fait l'expérience de la perception directe, non conceptuelle, de la réalité de la vacuité, et avoir réalisé les pouvoirs de la perception extrasensorielle. Nous pouvons toutefois les aider à bien des niveaux. Même avant d'avoir réalisé ces qualités, nous pouvons essayer d'agir en bodhisattvas, encore que, naturellement, nos actions soient moins efficaces que les leurs.

Sans attendre d'être pleinement qualifiés, nous pouvons nous doter d'une bonne motivation et, grâce à elle, tenter d'aider autrui du mieux possible. Cette démarche, me semble-t-il, est plus équilibrée et meilleure que celle qui consiste à rester isolé en méditant et en psalmodiant. Tout dépend de l'individu. Si quelqu'un sait que, en demeurant dans un endroit isolé, il pourra parvenir à l'accomplissement définitif en un certain laps de temps, alors c'est différent. Peut-être vaut-il mieux passer la moitié du temps à agir, et l'autre à méditer.

Le Tibet était bouddhiste. Si les valeurs que vous décrivez sont bouddhiques, pourquoi la société tibétaine était-elle si déséquilibrée ?

La faiblesse humaine… Certes, le Tibet était bouddhiste, mais il avait sa part d'individus mauvais, corrompus. Certaines institutions religieuses elles-mêmes ont été gagnées par la corruption. Des monastères se sont transformés en centres d'exploitation. Et pourtant, comparé à d'autres sociétés féodales, le Tibet était bien plus pacifique, bien plus harmonieux, et il avait moins de problèmes.

> 2. *Où que j'aille et qui que j'accompagne, je pratiquerai ainsi : je me considérerai comme l'être le plus bas de tous, et je considérerai sincèrement autrui comme un être cher et suprême.*

Quelle que soit la personne avec laquelle nous nous trouvons, nous pensons souvent : « Je suis plus fort que lui », « Je suis plus belle qu'elle », « Je suis plus intelligent », « Je suis plus riche », « Je suis beaucoup plus compétent », etc. Ce faisant, nous produisons de l'orgueil. Ce n'est pas bien. Nous devons rester humbles. Même lorsque nous aidons autrui, quand nous sommes engagés dans une œuvre de charité, nous ne devons pas nous considérer comme de grands protecteurs qui apportent des bienfaits aux faibles. C'est aussi une forme d'orgueil. Au contraire, nous devons nous engager dans ces activités avec humilité et penser que nous proposons nos services à autrui.

Quand nous nous comparons aux animaux, par exemple, il nous arrive de penser : « Je possède un corps d'homme » ou « J'ai reçu l'ordination », et nous nous sentons supérieurs. Dans un sens, nous pouvons affirmer que nous possédons un corps d'homme, que nous pratiquons les enseignements du Bouddha et que, par conséquent, nous sommes meilleurs que les insectes. Mais dans un autre, nous pouvons affirmer que les insectes sont innocents, qu'ils ne trompent personne, alors que nous mentons, nous nous prenons pour ce que nous ne sommes pas, de façon à parvenir à nos fins ou à nous rehausser. De ce point de vue, nous sommes pires que les insectes, qui vaquent à leurs occupations sans se prendre pour rien. C'est une méthode d'entraînement à l'humilité.

> 3. *Dans toutes mes actions, j'étudierai mon esprit et, au moment où une pensée non maîtrisée se présentera pour nous mettre en danger, moi et autrui, je l'affronterai et je la détournerai.*

Si nous observons notre mental quand nous sommes égoïstes, préoccupés de nous-mêmes et que nous excluons autrui, nous découvrons que les états d'esprit négatifs et perturbateurs se trouvent à l'origine de ce comportement. Puisqu'ils perturbent grandement notre esprit, nous devons user d'un antidote dès que nous tombons sous leur influence. Nous pouvons les contrer en méditant sur la vacuité. Parmi eux, certains ont des antidotes spécifiques que nous, les pratiquants, nous pouvons utiliser. Ainsi, pour l'attachement, méditons sur la laideur ; pour la colère, sur l'amour ; pour la fermeture d'esprit, sur la production conditionnée ; pour de nombreuses pensées perturbatrices, sur le souffle et l'énergie.

Qu'est-ce que la production conditionnée ?

Les douze liens de la production conditionnée, ou interdépendante, commencent par l'ignorance et finissent avec le vieillissement et la mort. À un niveau plus subtil, on peut utiliser la production conditionnée pour établir que les choses sont vides de véritable existence.

Pourquoi méditer sur la laideur afin de surmonter l'attachement ?

On s'attache aux choses parce qu'on les juge attirantes. Essayez de voir leur laideur, leur caractère répugnant, pour lutter contre cette tendance. Par exemple : on peut s'attacher au corps d'une autre personne et juger son visage attirant. Quand on commence à analyser cet attachement, on découvre qu'on ne voit que la peau. Or la nature de ce corps qui semble beau se compose de chair, de sang, d'os et de peau. Analysez la peau humaine : prenez la vôtre, par exemple. Si un morceau s'en détache et si vous le posez sur une étagère, il deviendra très laid en quelques jours. Telle est la nature de la peau. Toutes les parties du corps sont comme elle. Il n'y a aucune beauté dans un morceau de peau humaine. Quand vous voyez du sang, vous avez peur, vous ne ressentez aucun attachement. Un beau visage, si on l'écorche, n'a rien de beau. Une fois le vernis ôté, il ne reste rien ! La laideur est la nature du corps physique. Les os humains, le squelette, sont eux aussi répugnants. Une connotation négative est attachée au symbole du crâne et des os entrecroisés.

Lorsque vous ressentez de l'attachement ou de l'amour envers une personne – nous employons ce mot au sens négatif d'« attachement motivé par le désir » –, vous devez penser davantage à la laideur de l'objet – personne ou chose – et analyser sa nature de ce point de vue. Vous ne surmonterez pas totalement votre attachement, mais vous le maîtriserez un peu. Quand on médite sur la laideur des choses – ou qu'on prend l'habitude de la voir –, on vise cet objectif.

L'autre forme d'amour, la bonté, ne se fonde pas sur un raisonnement du genre : « Telle personne est belle ; aussi dois-je lui témoigner respect et bonté. » L'amour pur se fonde sur : « C'est un être humain. Il veut le bonheur, pas la souffrance. Il a le droit d'être heureux. Aussi dois-je lui témoigner amour et compassion. » Cet amour est tout à fait différent de l'autre, qui est malsain, car dû à l'ignorance. Les raisons de la bonté sont saines. Dans l'amour-attachement, le plus léger changement de l'objet, de son attitude, vous modifie aussitôt, car votre émotion repose sur le superficiel.

Prenez, par exemple, des jeunes mariés. Au bout de quelques semaines, quelques mois ou quelques années, ils deviennent ennemis et ils finissent par divorcer. Ils se sont unis parce qu'ils étaient profondément amoureux – personne ne se marie par haine –, mais tout a changé après quelque temps. Pourquoi ? Parce que leur relation reposait sur le superficiel. Un petit changement chez l'un a provoqué un changement complet chez l'autre.

Nous devrions nous dire : « L'autre personne est un être humain, tout comme moi. Certes, je veux le bonheur ; elle doit donc vouloir le bonheur, elle aussi. En tant qu'être sensible, j'ai droit au bonheur ; pour cette même raison, elle a droit au bonheur, elle aussi. » Ce raisonnement sain engendre l'amour pur et la compassion. Alors, peu importe que notre vision de l'autre personne ait changé, qu'elle soit passée du bien au mal, puis au laid. Cette autre personne reste fondamentalement le même être sensible. La principale raison de lui témoigner de la bonté étant toujours présente, notre sentiment demeure parfaitement stable.

La méditation sur l'amour est l'antidote à la colère, car celle-ci est un état d'esprit dur, rétif, qu'on doit attendrir grâce à l'amour.

Quand nous profitons des objets auxquels nous sommes attachés, nous éprouvons un certain plaisir. Mais, dit Nagarjuna, c'est comme ressentir une démangeaison et se gratter. On en retire du plaisir, mais on se sentirait bien mieux s'il n'y avait pas de démangeaison. De même, quand nous obtenons ce qui nous obsède, nous sommes heureux, mais nous nous sentirions bien mieux si nous étions libérés de l'attachement qui suscite notre obsession envers les objets.

4. *Chaque fois que je verrai un être de nature mauvaise submergé par la non-vertu et la souffrance, je le chérirai comme si j'avais trouvé un trésor précieux, difficile à découvrir.*

Quand nous rencontrons quelqu'un dont la nature est cruelle, dure, méchante ou déplaisante, nous réagissons en l'évitant. Dans ce genre de situations, nous sommes susceptibles d'être moins préoccupés par autrui. Au lieu de laisser notre affection envers cette personne décroître en pensant : « Qu'elle est mauvaise ! » nous devons la considérer comme un objet d'amour et de compassion tout particulier, et la chérir comme si nous avions rencontré un trésor précieux, difficile à découvrir.

5. *Quand, par jalousie, les autres me traiteront mal, abuseront de moi, m'insulteront et ainsi de suite, je pratiquerai ainsi : j'accepterai la défaite et leur offrirai la victoire.*

Si une personne nous insulte, abuse de nous et nous critique en nous disant incompétents ou bons à rien, nous sommes susceptibles de nous mettre en colère et de la contredire. Nous ne devons pas réagir ainsi, mais accepter ses propos avec humilité et tolérance.

Pour ce qui est d'accepter la défaite et d'offrir la victoire à autrui, nous devons distinguer deux types de situations. Si, d'un côté, nous sommes obsédés par notre bien-être et motivés par l'égoïsme, nous devons accepter la défaite et offrir la victoire à autrui, quand bien même notre vie est en jeu. Mais si, d'un autre côté, la situation est telle que le bien-être d'autrui est en jeu, nous devons œuvrer sans relâche et nous battre en faveur des droits d'autrui, sans accepter de perdre.

L'un des quarante-six vœux secondaires d'un bodhisattva renvoie à cette situation : quelqu'un commet une mauvaise action et il faut employer des méthodes musclées ou faire tout ce qu'il faut pour l'arrêter sur-le-champ. Si vous n'agissez pas, vous avez transgressé ce vœu, qui peut sembler à tort contredire cette stance. Le précepte du bodhisattva porte sur une situation dans laquelle on se préoccupe avant tout du bien-être d'autrui. Si quelqu'un commet une action extrêmement mauvaise et dangereuse, il est mal de ne pas prendre des mesures fortes afin de l'arrêter, si nécessaire. Aujourd'hui, dans les sociétés concurrentielles, les actions fortement défensives sont souvent nécessaires. Elles ne doivent pas être motivées par l'égoïsme, mais par la bonté et la compassion envers autrui. Si ces sentiments nous poussent à agir pour empêcher autrui de créer un karma négatif, alors tout est parfaitement normal.

Face au mal, il est parfois nécessaire d'agir avec force. Mais à quel jugement se fier pour prendre cette décision ? Pouvons-nous nous appuyer sur notre perception du monde ?

C'est compliqué. Quand nous envisageons de perdre, nous devons nous demander si le fait de donner la victoire aux autres leur vaudra des bienfaits ultimes ou temporaires. Il faut songer à l'effet que cette défaite produira sur notre capacité à les aider à l'avenir. Il se peut que, en nuisant aux autres aujourd'hui, nous engendrions une grande quantité de mérites qui nous permettront de leur apporter des bienfaits à terme. C'est un autre facteur auquel nous devons prêter attention.

Comme il est dit dans le *Bodhicharyavatara*, on doit se demander, en surface et en profondeur, si les bienfaits engendrés par une action interdite ne seront pas supérieurs aux inconvénients. Quand il est difficile d'y parvenir, on doit examiner ses motivations. Dans le *Sikshamuccaya*, Shantideva affirme que les bienfaits engendrés par une action motivée par la bodhicitta sont supérieurs aux conséquences négatives engendrées par l'action non motivée par la bodhicitta. Étant donné qu'il est parfois très difficile, mais très important, de percevoir la limite entre ce qu'il faut faire et ne pas faire, on doit étudier les textes relatifs à ces questions. Dans de petits textes, il est dit que certaines actions sont interdites; mais, dans de grands textes, il est dit que ces mêmes actions sont permises. Plus on en sait sur le sujet et plus il est facile de décider de l'action à entreprendre dans une situation donnée.

6. *Quand quelqu'un à qui j'ai apporté des bienfaits et en qui j'ai placé de grandes espérances me fera immensément tort, je pratiquerai ainsi: je le considérerai comme mon saint gourou.*

D'ordinaire, nous attendons d'une personne que nous avons beaucoup aidée qu'elle se montre très reconnaissante. Si elle réagit avec ingratitude, nous sommes susceptibles de nous mettre en colère. Dans ces situations, nous ne devons pas nous emporter, mais pratiquer la patience. De plus, nous devons considérer la personne comme un maître qui met notre patience à l'épreuve. Il nous faut donc la traiter avec respect. Cette stance renferme tous les enseignements sur la patience du *Bodhicharyavatara*.

7. *En bref, directement ou indirectement, j'offrirai chaque bienfait et chaque bonheur à toutes mes mères. En secret, je pratiquerai ainsi: je prendrai sur moi toutes leurs mauvaises actions et toutes leurs souffrances.*

Cette stance se réfère à la pratique qui consiste à prendre sur nous toutes les souffrances des autres et à leur donner notre bonheur. Elle est motivée par la compassion et l'amour. Nous voulons le bonheur, pas la souffrance. Nous constatons qu'il en est ainsi pour tous les autres, qu'ils sont submergés par la souffrance et qu'ils ne savent comment s'en débarrasser. Nous devons donc engendrer l'intention d'assumer toutes leurs souffrances, tous leurs karmas négatifs, et prier pour que la chose ait lieu dans l'instant. De même, il est évident qu'ils sont privés du bonheur qu'ils recherchent et qu'ils ne savent comment le trouver. Ne soyons pas pingres et offrons-leur tout notre bonheur – notre corps, notre richesse et nos mérites –, et prions pour que ce don leur vaille des bienfaits immédiats.

Bien sûr, il est peu probable que nous puissions prendre sur nous les souffrances des autres et leur offrir notre bonheur. Quand ces échanges se produisent, ils résultent d'un lien karmique puissant et ininterrompu. Mais cette méditation est un bon moyen de renforcer notre courage mental. C'est donc une pratique extrêmement bénéfique.

Dans les *Sept Points de l'entraînement de l'esprit*, il est dit que nous devons alterner les pratiques du prendre et du donner pour les faire correspondre au souffle. Langri Thangpa conseille de procéder ainsi en secret. Comme le précise le *Bodhicharyavatara*, cette pratique n'est pas faite pour l'esprit des bodhisattvas débutants. Elle est réservée à quelques pratiquants choisis. C'est pourquoi elle est qualifiée de « secrète ».

Au huitième chapitre du Bodhicharyavatara, *Shantideva déclare : « [...] si, pour le bien d'autrui, je me fais du mal, j'acquerrai tout ce qui est magnifique. » Par ailleurs, Nagarjuna affirme qu'il ne faut pas mortifier le corps. Comment doit-on se faire du mal, selon Shantideva ?*

Shantideva ne veut pas dire qu'on doit se taper sur la tête, mais qu'il faut parfois débattre avec soi-même et user de moyens coercitifs pour vaincre les fortes pensées égoïstes qui se présentent. En d'autres termes, on doit faire du mal à l'esprit qui se chérit lui-même. Il convient de distinguer le « je » obsédé par son bien-être du « je » qui va connaître l'Éveil. Il y a une énorme différence. De plus, il faut mettre ce passage du *Bodhicharyavatara* en rapport avec le précédent et le suivant. Le « je » fait l'objet de nombreuses analyses : l'emprise qui se porte sur un « je » doté d'une véritable identité, le « je » qui se chérit lui-même, le « je » auquel nous nous associons quand nous adoptons le point de vue d'autrui, etc. Vous devez resituer l'analyse du soi dans ces différents contextes.

Si les autres, ou même un seul être sensible, en retirent des bienfaits, il est bon que nous prenions sur nous les souffrances des trois domaines d'existence ou que nous nous rendions dans un des enfers. Nous devons en avoir le courage. Pour parvenir à l'Éveil dans le but d'apporter des bienfaits aux êtres sensibles, nous devons être heureux et disposés à passer d'innombrables éternités dans l'avici, l'enfer le plus bas. Voilà ce que veut dire « prendre sur soi le mal qui perturbe autrui ».

Que faire pour se rendre dans l'enfer le plus bas ?

Accroître le courage qui permet de s'y sentir prêt. Vous n'avez pas à vous y rendre vraiment. À l'agonie, Tchékawa, le guéshé kadampa, a appelé ses disciples pour leur demander de lui consacrer des offrandes, des cérémonies et des prières particulières, car il avait échoué dans sa pratique. Les disciples étaient perturbés car ils croyaient qu'un événement terrifiant allait se produire. Le guéshé leur a expliqué ceci : bien qu'il ait prié sa vie durant pour renaître dans les différents enfers afin d'être source de bienfaits pour autrui, il avait eu la vision pure de ce qui devait s'ensuivre ; il allait renaître dans une terre pure. De même, si nous nourrissons le souhait sincère et puissant de renaître dans les domaines inférieurs pour apporter des bienfaits à autrui, nous accumulons de nombreux mérites qui produisent le résultat inverse.

C'est pourquoi je dis toujours que, si nous sommes égoïstes, nous devons l'être avec sagesse.

L'égoïsme véritable, étroit, nous fait descendre. L'égoïsme sage nous conduit à la bouddhéité. C'est ça, la sagesse ! Malheureusement, ce que nous faisons, c'est nous attacher à la bouddhéité. Les écrits nous apprennent que, pour y parvenir, il nous faut la bodhicitta et que sans elle nous n'atteindrons pas l'Éveil. Aussi pensons-nous : « Parce que je veux la bouddhéité, je dois pratiquer la bodhicitta. » La bodhicitta ne nous préoccupe pas autant que la bouddhéité. Nous avons tort. Nous devrions faire le contraire : oublier les motivations égoïstes et penser à aider réellement les autres. Si nous allons en enfer, nous ne pouvons aider ni les autres ni nous-mêmes. Comment faire ? Non pas en leur donnant quelque chose ou en accomplissant des miracles, mais en enseignant le dharma. Or, pour enseigner, il nous faut d'abord être qualifiés.

Pour le moment, nous ne pouvons pas expliquer la totalité de la voie, l'ensemble des pratiques et des expériences qui conduisent un individu de la première étape à la dernière : l'Éveil. Peut-être notre expérience nous permet-elle d'expliquer certaines des premières étapes, mais pas plus. Pour aider les autres en les accompagnant sur le chemin de l'Éveil, nous devons d'abord nous éveiller. C'est pourquoi il nous faut pratiquer la bodhicitta. D'ordinaire, une préoccupation égoïste vis-à-vis de notre Éveil nous oblige à penser aux autres et à leur offrir notre cœur. Cette façon de voir est fausse. C'est une sorte de mensonge.

J'ai lu que, si l'on pratiquait le dharma, on évitait à neuf générations de nos descendants une renaissance en enfer. Est-ce vrai ?

On dirait une publicité ! En fait, ça peut arriver ; mais en général, ce n'est pas si simple. Par exemple : nous répétons *Om Mani Padme Hum* pour accumuler des mérites qui nous permettront d'atteindre rapidement l'Éveil et d'apporter des bienfaits aux autres êtres sensibles. Si nous ne pouvons pas affirmer que nous y parviendrons en nous contentant de réciter ce mantra, nous pouvons dire que cette pratique est une cause d'Éveil parmi tant d'autres. De même, notre pratique du dharma ne protégera pas à elle seule nos descendants d'une renaissance inférieure, mais elle pourra y contribuer. Si tel n'était pas le cas, si notre pratique pouvait être la cause principale d'un résultat vécu par autrui, alors la loi du karma, la relation de cause à effet, seraient contredites. Nous pourrions rester assis à nous détendre et laisser l'ensemble des bouddhas et des bodhisattvas tout faire à notre place. Nous n'aurions pas à assumer une quelconque responsabilité dans notre bien-être.

L'Éveillé a dit que tout ce qu'il pouvait faire, c'était nous enseigner le dharma, la voie de la libération vis-à-vis de la souffrance. À nous de mettre cet enseignement en pratique. Pour sa part, il s'en lave les mains! Le bouddhisme nous enseigne qu'il n'y a pas de Créateur, que nous créons tout nous-mêmes et que nous sommes donc nos propres maîtres – dans les limites de la loi de la cause et de l'effet. Cette loi du karma nous enseigne que nous obtiendrons de bons résultats si nous faisons le bien et que nous connaîtrons le malheur si nous faisons le mal.

Comment cultiver la patience ?

Il existe plusieurs méthodes. Connaître la loi du karma, croire en elle, rend patient. On se dit : « Cette souffrance que je vis n'est due qu'à moi, elle est le fruit d'actions que j'ai accomplies dans le passé. Puisque je ne peux y échapper, je dois faire avec… Mais si je veux éviter de souffrir par la suite, je dois cultiver les vertus telle la patience. S'irriter ou s'emporter contre cette souffrance ne fait que créer un karma négatif, une cause de futur malheur. » C'est une façon de pratiquer la patience.

On peut aussi méditer sur la souffrance inhérente au corps. « Ce corps et cet esprit sont les fondements de toutes sortes de souffrances. Il est naturel et en aucun cas surprenant que la souffrance vienne d'eux. » Cette prise de conscience aide à faire croître la patience. On peut se remémorer ce passage du *Bodhicharyavatara* :

Pourquoi être malheureux à cause d'une chose si l'on peut y remédier ?

Et à quoi sert d'être malheureux à cause d'une chose si l'on ne peut y remédier ?

S'il existe un moyen ou une occasion de surmonter la souffrance, il n'y a pas à s'inquiéter. Si l'on n'y peut absolument rien, s'inquiéter n'aide nullement. C'est très simple, mais très clair.

Vous pouvez aussi songer aux inconvénients de la colère et aux avantages de la patience. Nous sommes des êtres humains. Notre faculté de penser et de juger est une de nos meilleures qualités. Si nous perdons patience, si nous nous emportons, nous perdons cette faculté de juger convenablement, donc l'un des outils les plus efficaces dans la résolution des problèmes : la sagesse. Les animaux en sont privés. Si nous perdons patience, si nous nous irritons, nous abîmons ce précieux outil. Mieux vaut faire preuve de courage et de détermination, et affronter la souffrance avec patience. Souvenons-nous-en.

Comment être humbles et en même temps réalistes à propos de nos qualités ?

Nous devons distinguer l'orgueil de la confiance en nos qualités. Il nous faut faire confiance aux talents qui sont les nôtres et les utiliser avec courage, mais ne pas en tirer fierté.

Être humble ne signifie pas se sentir incompétent et désemparé. L'humilité se cultive en tant qu'opposé de la fierté, mais nous devons utiliser pleinement les qualités dont nous disposons.

Dans l'idéal, il faut beaucoup de courage et de force, mais ne pas s'en vanter ou les mettre en avant. Quand le besoin s'en fait sentir, il faut sauter sur l'occasion et se battre courageusement pour le bien. C'est parfait. Quelqu'un qui est dépourvu de ces qualités, qui se vante d'être formidable et qui recule dans le besoin se situe à l'exact opposé. La première personne est courageuse, mais dénuée d'orgueil. La seconde est orgueilleuse, mais dénuée de courage.

> 8. *Tout cela (toutes ces pratiques) n'étant pas souillé par les taches de la superstition des huit dharmas (mondains), percevant tous les dharmas comme des illusions, je pratiquerai ainsi : sans céder à l'emprise, je libérerai (tous les êtres sensibles) des entraves.*

Cette stance traite de la sagesse. Les pratiques précédentes ne doivent pas être souillées par la superstition des huit dharmas mondains – les blancs, les noirs ou les mélangés – ou par la conception erronée consistant à s'accrocher à l'existence véritable. Comment éviter de les souiller ? En reconnaissant que toute existence est illusoire et en ne s'accrochant pas à l'existence véritable. Ce faisant, on se libère des entraves de l'emprise.

Définissons le terme « illusoire ». La véritable existence nous apparaît sous la forme de divers objets, où qu'ils se manifestent. En fait, elle n'est pas là. C'est une illusion. Même si tout ce qui existe semble véritablement existant, tout est dénué de véritable existence. Pour le vérifier, nous devons comprendre l'idée de « vacuité » dans le sens de « vacuité de l'apparence manifeste ». Il nous faut d'abord être certains que tous les phénomènes sont vides de véritable existence. Puis, quand ce qui a une nature absolue nous semble véritablement existant, nous devons réfuter cette véritable existence en nous souvenant de notre première certitude quant à l'absence totale de véritable existence. Si nous rapprochons les deux – l'apparence de la véritable existence et sa vacuité, dont nous avons fait l'expérience –, nous découvrons le caractère illusoire des phénomènes.

Pour comprendre que tout est illusoire, il n'y a pas à donner une explication séparée.

Ce texte détaille les pratiques qui vont jusqu'à la méditation sur la pure vacuité. D'après les enseignements tantriques comme le guhyasamajatantra, ce qui est qualifié d'illusoire est totalement séparé. Dans cette stance, ce qui est qualifié d'illusoire n'a pas à être démontré séparément. La véritable existence de ce qui a une nature absolue fait l'objet d'une réfutation et doit être réfutée. L'apparence illusoire des choses se manifeste indirectement : les choses paraissent véritablement existantes, mais ne le sont pas.

Comment peut fonctionner un objet indéfinissable, qui n'existe que par imputation ?

C'est très difficile. Si vous prenez conscience du fait que sujet et action existent parce que ce sont des productions conditionnées, la vacuité vous apparaît en production conditionnée. C'est ce qu'il y a de plus difficile à comprendre.

Si vous avez bien saisi l'existence non intrinsèque, alors l'expérience des objets existants parle d'elle-même. La logique réfute le fait qu'ils existent par nature. Elle peut vous convaincre que les choses n'existent pas intrinsèquement et qu'elles ne le peuvent en aucune manière. Et, pourtant, il est incontestable qu'elles existent, car nous en faisons l'expérience. Alors, comment existent-elles ? Par la simple force du nom. Je ne dis pas qu'elles n'existent pas. Personne ne l'a jamais dit. C'est une question difficile, que vous comprendrez lentement, grâce à l'expérience.

Vous devez avant tout vérifier si les choses existent véritablement ou non, si elles sont réellement trouvables ou non. Or elles ne sont pas trouvables. Il serait toutefois faux d'affirmer qu'elles n'existent pas du tout, car nous en faisons l'expérience. La logique ne nous permet pas de prouver qu'elles existent de sorte qu'on puisse les trouver, mais nous savons d'expérience qu'elles existent. Nous pouvons donc tirer cette conclusion. Si elles existent, c'est de deux façons : soit d'elles-mêmes, soit sous contrôle d'autres facteurs, c'est-à-dire de manière tout à fait indépendante ou tout à fait dépendante. La logique s'élevant contre l'existence indépendante, elles ne peuvent exister que de façon dépendante.

De quoi dépendent-elles pour exister ? D'un fondement étiqueté et de la pensée qui étiquette. Si on les trouvait quand on les cherche, elles existeraient d'elles-mêmes. Les écrits du Madhyamika, selon lesquels elles n'existent pas de leur propre nature, seraient donc faux. Pourtant, on ne peut trouver les choses quand on les cherche. On trouve des choses qui existent sous contrôle d'autres facteurs. C'est pourquoi on les dit exister simplement sous forme de nom. L'adverbe « simplement » indique qu'on a ôté quelque chose. On ne dit pas que les choses n'ont d'autre sens que leur nom, ou que le sens, qui n'est pas le nom, n'est pas l'objet d'un esprit valide. Ce qui est ôté, c'est que le sens existe par autre chose que le pouvoir du nom. Les choses existent simplement par le pouvoir du nom, mais elles ont un sens et ce sens est l'objet d'un esprit valide. Toutefois, les choses sont d'une nature telle qu'elles existent simplement par le pouvoir du nom.

Il n'y a d'autre possibilité que la force du nom, ce qui ne veut pas dire qu'il n'y ait rien à côté du nom. Il y a la chose, il y a un sens et il y a un nom.

Qu'est-ce que ce sens ? Lui aussi n'existe que dans le nom.

L'esprit existe-t-il réellement ou est-ce aussi une illusion ?

C'est pareil. Selon le Madhyamika prasangika, qui exprime le point de vue le plus élevé, le plus précis, il en est de même, qu'il s'agisse d'un objet externe ou de la conscience interne qui l'appréhende. Tous deux existent par le pouvoir du nom. Aucun n'est véritablement existant. La pensée n'existe que dans le nom. C'est la même chose pour la vacuité, le bouddha, le bien, le mal et le neutre. Tout existe simplement par le pouvoir du nom.

L'expression « le nom seul » implique qu'on a ôté les sens qui ne sont pas seulement le nom. Elle ne peut se comprendre qu'ainsi. Si vous prenez une personne réelle et une personne sous forme de fantôme, toutes deux sont identiques en ce sens qu'elles n'existent que par le nom. Et, pourtant, il y a une différence entre l'une et l'autre. Ce qui existe ou pas n'est qu'étiquetage. En revanche, certaines choses existent par le nom et d'autres pas.

D'après l'école de l'Esprit seul, les phénomènes externes semblent exister intrinsèquement, mais ils sont en réalité vides d'existence externe, intrinsèque, tandis que l'esprit est véritablement existant. Je pense en avoir assez dit, pour le moment, sur les principes du bouddhisme.

Les termes « esprit » et « conscience » sont-ils équivalents ?

Le tibétain fait une différence, mais il est difficile d'affirmer que le français véhicule les mêmes connotations. Quand « esprit » signifie « conscience primaire », il est probablement synonyme de « conscience ». En tibétain, « conscience » est un terme général qui renvoie à la conscience primaire et aux facteurs mentaux (secondaires), eux-mêmes divisés en sous-catégories. Il existe une conscience mentale et une conscience sensorielle. La première comporte plusieurs degrés, qui vont du brut au subtil. Il est difficile d'affirmer que le français est aussi précis que le tibétain.

Table

DU MÊME AUTEUR
CHEZ LE MÊME ÉDITEUR

LES MOTS DU DALAÏ-LAMA

« L'écoute de l'autre est comme une torche qui chasse l'obscurité de l'ignorance. »

Compassion, amour, éveil, mort et renaissance, méditation, paix, bonheur : les préceptes rassemblés dans ce livre par Bernard Baudouin résument le message spirituel du dalaï-lama.

Tirés de ses écrits et de ses interventions publiques, ils frappent par leur caractère à la fois moderne et intemporel.

Parce qu'ils s'adressent à tous les hommes de bonne volonté, ils véhiculent les valeurs universelles de tolérance, fraternité et solidarité.

ISBN 978-2-84592-733-9 / H 80-6196-4-1802 / 160 pages / 15 €

LE PETIT LIVRE DU MYSTICISME

Par leur force et leur pertinence, les paroles du dalaï-lama nous aident à vivre. Offrant sa propre définition du mysticisme, le prix Nobel de la paix nous montre ici comment cette expérience peut métamorphoser notre vie. Et comment nous pouvons progresser sur la Voie de l'éveil.

« Je vous invite à ouvrir ce livre, à y entendre la voix du dalaï-lama, à méditer ses paroles, à apprécier sa sagesse, sa bienveillance et son humour, jour après jour. » nous dit Robert Thurman dans sa préface.

ISBN 978-2-84592-729-2 / H 39-9602-1-1801 / 208 pages / 15 €

INITIATION AU BOUDDHISME TIBÉTAIN

Véritable « philosophie de vie », le bouddhisme tibétain est un moyen de se libérer de la souffrance.

Dans cet ouvrage de référence, Sa Sainteté le 14e dalaï-lama explicite les enseignements de Bouddha, la morale bouddhiste (détachement, impermanence, karma, non-violence, conscience collective…), les trois roues du Dharma, les douze attachements et les moyens de favoriser en soi un esprit d'éveil.

Avec une sagesse et une bienveillance propres à transformer les esprits et les cœurs, il trace ainsi une feuille de route claire pour ceux qui souhaitent s'engager dans cette voie.

Une plongée lumineuse au cœur du bouddhisme tibétain.

ISBN 978-2-84592-446-8 / H 51-0352-8-1302 / 350 pages / 22 €

LES CLÉS DU BONHEUR SE NOMMENT AMOUR, ALTRUISME ET COMPASSION

Aux yeux de millions de personnes, le dalaï-lama incarne la plus haute des aspirations humaines : la quête du bonheur. Dans ce cadre, ces entretiens, qui se sont déroulés sur une période de vingt ans, abordent la place de la religion dans le monde moderne, le rôle du gourou, la motivation sur le sentier spirituel, l'entraînement mental, et même la répression au Tibet ces dernières années.

Défenseur passionné du dialogue interreligieux, le dalaï-lama est aussi un métaphysicien engagé dans un vigoureux dialogue avec la science. Au fil des pages, sa sagesse – qui n'est pas seulement issue de sa connaissance des textes, mais fruit aussi de son expérience – apportent des réponses sur la façon de trouver le vrai bonheur.

ISBN 978-2845923058 / 240 pages / 19,95 €

Cet ouvrage a été composé
par Atlant'Communication au Bernard (Vendée)

Impression réalisée par
CPI France
en mai 2018
pour le compte des Éditions Archipoche

Imprimé en France
N° d'édition : 513
N° d'impression : 3028682
Dépôt légal : juin 2018